L'ŒUVRE MÉDICO-CHIRURGICALE

Dʳ CRITZMAN, Directeur

Suite

DE

Monographies Cliniques

SUR

les Questions Nouvelles

en Médecine
en Chirurgie, en Biologie

N° 6

(publié le 10 janvier 1898)

PHYSIOLOGIE ET PATHOLOGIE

DE LA

SÉCRÉTION GASTRIQUE

SUIVIE DE

La technique complète du cathétérisme
de l'estomac
et de l'examen méthodique du liquide gastrique

PAR

A. VERHAEGEN

Assistant à la Clinique médicale de Louvain.

Chaque monographie séparément 1 fr. 25

PRIX DE L'ABONNEMENT A 10 MONOGRAPHIES : 10 FRANCS — ÉTRANGER 12 FRANCS

PARIS

MASSON ET Cⁱᵉ, ÉDITEURS

LIBRAIRES DE L'ACADÉMIE DE MÉDECINE

120, BOULEVARD SAINT-GERMAIN

1898

CONDITIONS DE LA PUBLICATION

La science médicale réalise journellement des progrès incessants ; les questions et découvertes vieillissent pour ainsi dire au moment même de leur éclosion. Les traités de médecine et de chirurgie, quelle qu'en soit l'étendue, quelque rapides que soient leurs différentes éditions, auront toujours grand'peine à se tenir au courant.

C'est pour obvier à ce grand inconvénient, auquel les journaux, malgré la diversité de leurs matières, ne sauraient remédier, que nous fondons, avec le concours des savants et des praticiens les plus distingués, un recueil de monographies dont le titre général, *l'Œuvre médico-chirurgicale*, nous paraît bien indiquer le but et la portée.

La *Médecine* proprement dite, la *Thérapeutique*, la *Chirurgie* et *toutes les spécialités médicales* seront représentées dans notre collection. Les Sciences naturelles n'y seront pas non plus négligées. La *Zoologie* avec les questions de l'hérédité, la *Microbiologie* avec la sérothérapie et les problèmes de l'immunité, la *Chimie biologique* et les toxines trouveront une large place dans cette publication.

Les Monographies n'auront pas de périodicité régulière.

Nous publierons, aussi souvent qu'il sera nécessaire, des fascicules de 30 à 40 pages, dont chacun résumera une question à l'ordre du jour, et cela de telle sorte qu'aucune ne puisse être omise au moment opportun.

Les Éditeurs acceptent des souscriptions payables par avance, pour une série de 10 monographies, au prix de 10 francs pour la France, et 12 francs pour l'étranger.

Chaque Monographie est vendue séparément 1 fr. 25.

Monographies publiées

N° 1. De l'Appendicite, par le Dr FÉLIX LEGUEU, chirurgien des hôpitaux de Paris.

N° 2. Le Traitement du mal de Pott, par le Dr A. GHIPAULT, de Paris.

N° 3. Le Lavage du sang, par le Dr F. LEJARS, professeur agrégé, chirurgien des hôpitaux de Paris, membre la Société de chirurgie.

N° 4. L'Hérédité normale et pathologique, par CH. DEBIERRE, professeur d'anatomie à l'Université de Lille.

N° 5. L'Alcoolisme, par A. JAQUET, privatdocent à l'Université de Bâle.

N° 6. Physiologie et pathologie de la Sécrétion gastrique *suivie de la technique complète du cathétérisme de l'estomac et de l'examen méthodique du liquide gastrique*, par le Dr A. VERHAEGEN, assistant à la Clinique médicale de Louvain.

Adresser toutes les communications relatives à la rédaction à M. le Dr Gritzman, avenue Kléber, n° 45.

Coulommiers. — Imp. PAUL BRODARD.

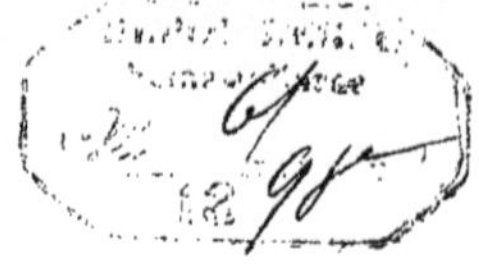

PHYSIOLOGIE ET PATHOLOGIE

DE LA

SÉCRÉTION GASTRIQUE

PAR

Le D⁽ʳ⁾ A. VERHAEGEN

ASSISTANT A LA CLINIQUE MÉDICALE DE LOUVAIN

INTRODUCTION. — Il y a vingt-cinq ans, la pathologie de l'estomac était des plus obscures. Si l'on excepte le cancer et l'ulcère, les troubles si variés de cet organe étaient confondus sous les dénominations vagues de dyspepsie et de gastralgie. Le praticien n'avait alors pour se guider que les symptômes subjectifs peu précis et incomplets, la palpation de l'épigastre et l'examen superficiel des matières vomies.

L'introduction de la sonde a fait faire un grand pas à la nosologie de l'estomac en la dotant de plusieurs symptômes objectifs nouveaux ; et comme partout ce progrès dans les méthodes d'examen fut suivi d'une connaissance plus exacte des affections gastriques et d'une thérapeutique plus rationnelle. La sonde permet d'étudier les trois fonctions importantes de l'estomac : la sécrétion, la motilité, l'absorption ; mais la première de ces fonctions a absorbé presque complètement l'activité des observateurs, non seulement parce qu'elle est spéciale à l'estomac et qu'elle remplit nécessairement un rôle particulier, mais aussi parce que le cathétérisme en rend l'étude facile à tout moment de la digestion et que les premières recherches avaient fait naître l'espoir de trouver dans cette étude une séméiologie nouvelle des affections gastriques.

Pour obvier aux graves inconvénients de la sonde rigide, dont l'emploi fut pendant des années peu répandu, Leube [1], à qui revient l'honneur d'avoir employé la première sonde comme moyen de diagnostic, proposa en 1879 une sonde molle construite sur le modèle de la sonde urétrale de Nélaton. La même année, Von den Velden [2] signale la disparition de

1. Leube, *Die Magensonde Erlangen*, 1879.
2. Von den Velden, *Deutsch Archiv f. klin. Med.*, Bd XVII.

l'acide chlorhydrique libre comme un symptôme habituel du cancer de l'estomac. Un fait aussi important fixe définitivement l'attention des cliniciens sur la valeur du cathétérisme et de l'analyse du suc gastrique comme moyen de diagnostic.

Trois ans plus tard, Reichmann [1] fit connaître un état pathologique qu'on n'avait pas encore soupçonné : l'hypersécrétion (*continuirlicher Magensaftfluss*) qui se caractérise par des symptômes nettement tranchés.

Chez son malade, la sécrétion, au lieu d'être intermittente comme à l'état normal, se faisait d'une façon continue, à jeun comme pendant la période digestive. En 1887 le même auteur [2] publia seize nouvelles observations de cette affection. Il distingua deux formes d'hypersécrétion, l'une périodique, l'autre chronique. Dans la première l'hypersécrétion se manifeste par accès d'un ou plusieurs jours dans l'intervalle desquels l'activité glandulaire est intermittente comme à l'état physiologique; dans la seconde, de loin la plus commune, l'hypersécrétion est permanente, il n'y a plus de rémissions.

Antérieurement déjà Riegel [3] avait insisté sur la nécessité de ne pas confondre l'hypersécrétion avec l'hyperchlorhydrie simple. Dans celle-ci, il y a également excès de sécrétion acide; le suc gastrique est plus riche en acide chlorhydrique et en pepsine qu'à l'état normal; mais cette abondance de sécrétion ne se produit que pendant la période digestive; dès que l'estomac est vide, les glandes cessent de sécréter.

En 1886 Ewald et Boas [4] exposent les règles à suivre dans l'exploration du chimisme gastrique et contribuent ainsi largement à la vulgarisation de la méthode. Pour avoir des résultats comparables, il faut examiner les malades dans les mêmes conditions, leur administrer le même repas, — ce que ces auteurs ont appelé le repas d'épreuve, — et évacuer l'estomac après un laps de temps déterminé. Le liquide étant filtré, ils en dosent l'activité totale et recherchent la présence de l'acide chlorhydrique libre, de l'acide lactique, des peptones, etc.

Déjà en 1874 Laborde [5] avait fait connaître la réaction du violet de méthyle vis-à-vis de l'acide chlorhydrique libre. En quelques années quantité d'autres réactifs de cet acide furent signalés, quelques-uns d'une extrême sensibilité. En ce moment, l'opinion de Bidder et Schmidt [6] que l'acidité du suc gastrique est due, dans les conditions normales, à l'acide chlorhydrique *libre* et un peu aux phosphates acides, était admise sans conteste.

Mais bientôt Cahn et von Mehring [7] et Ewald lui-même trouvaient que les

1. Reichmann, *Berl. klin. Wochenschrift*, 1882, p. 606.
2. Reichmann, *Berl. klin. Wochenschrift*, 21 mars 1887, p. 199, 221, 241.
3. Riegel, *Volckmann's Sammlung klinischer Vorlräge*, n° 289, et *Zeitschrift für klinische Medicin.*, Bd XI, 1886.
4. Ewald et Boas, *Beilräge zur physiol, und Pathol. der Verdauung Virchow's Archiv.* Bd. CI et Bd CIV, p. 271, 1886.
5. Laborde et Dusart, *Gazette médicale de Paris*, 1874.
6. Bidder et Schmidt, *Verdauungssäfte*, 1852, Leipzig.
7. Cahn et von Mehring, *Deutsch Archiv. f. klin. Medicin*, Bd XXXIX, 1889.

réactions colorantes de HCl pouvaient faire défaut en présence de certaines substances, notamment des matières albuminoïdes et des peptones. Il fallut donc songer à des méthodes plus rigoureuses. C'est ainsi que prirent naissance les méthodes de dosage quantitatif : méthodes de Cahn et Von Mehring [1], de Sjöqvist [2], de Léo [3], de Hehner et Seeman [4], de Winter-Hayem [5].

Grâce à leur méthode, ces derniers ont prouvé d'une manière rigoureuse que le chlore ne se rencontre pas dans le suc gastrique uniquement à l'état de chlorure et d'HCl libre. Une partie et même la majeure partie s'y trouve combinée à des composés organiques (albumine, peptone, symptonine, etc.). Ces combinaisons n'ont plus toutes les propriétés de l'HCl libre et ne se révèlent pas comme tel, en partie du moins vis-à-vis des réactifs colorants. Hayem et Winter ont insisté sur l'importance de ces combinaisons chloro-organiques dans le processus digestif et dépossédé à leur profit l'HCl libre de la valeur que lui accordaient les auteurs antérieurs.

Mais le principal mérite de Hayem c'est d'avoir reconnu la véritable nature des désordres de la sécrétion. Avant lui les variations de l'HCl, notamment l'excès de sécrétion dans l'hyperchlorhydrie et l'hypersécrétion, étaient généralement considérées comme des névroses sécrétoires, indé-pendantes, au moins à l'origine, d'une lésion matérielle de la muqueuse. Le trouble de la sécrétion était l'élément fondamental de la maladie, le *primum movens*, la cause immédiate des désordres fonctionnels et des lésions anatomiques qu'on constate à l'autopsie. Hayem s'est insurgé contre cette interprétation et a renversé les rôles [6]. Les nombreuses autopsies d'affection gastriques et l'examen histologique des pièces recueillies l'ont conduit à cette conclusion que « la pathologie stomacale n'obéit pas à d'autres lois que celles qui régissent la pathologie des autres viscères de l'abdomen et de la poitrine. De même que le foie et le rein ne présentent guère de troubles fonctionnels appréciables que lorsqu'ils sont lésés, de même les troubles fonctionnels de l'estomac correspondent, dans les cas les plus habituels, à des lésions, et le plus souvent à des lésions de la plus haute importance [7]. »

Nous aussi, nous croyons qu'à part certains cas où l'intervention de l'élément nerveux est manifeste, les variations de la sécrétion chlorhy-drique dépendent de la constitution anatomique de la muqueuse, de l'abon-dance et du développement des culs-de-sac glandulaires, de la structure intime de la cellule sécrétoire. Certaines altérations de celles-ci sont tou-jours et manifestement d'ordre pathologique. Mais en est-il de même de

1. Cahn et von Mehring, *loc. cit.*
2. Sjöqvist, *Zeitschrift für physiol. Chimie*, Bd XIII, 1888, méthode modifiée plu-sieurs fois par l'auteur ; voir les années suivantes de cette revue.
3. Léo, *Centralblatt f. d. med. Wissensch.*, 1889.
4. Kehner et Seeman, *Zeitschrift f. klin. Medicin.*, Bd V.
5. Hayem et Winter, *Du chimisme stomacal*, Paris, 1891.
6. Hayem, *Académie des sciences*, 26 juin 1893 ; *Bulletin médical*, n° 6, 1894, et *Bull. et Mém. de la Soc. méd. des hôp. de Paris*, 28 juillet 1896.
7. Hayem et Lion, *Maladies de l'estomac*, 1897.

toutes les anomalies morphologiques que le microscope révèle? En d'autres termes, la muqueuse stomacale présente-t-elle chez l'homme sain un type de structure invariable dans ses moindres détails? Nous ne le pensons pas. Nous avons étudié le chimisme stomacal chez les sujets bien portants [1] et nous avons trouvé chez eux des valeurs très différentes pour la teneur en HCl, depuis l'hypoacidité jusqu'à l'hyperchlorhydrie la plus franche. Nous interprétons ces faits en admettant des variétés individuelles dans la structure histologique de la muqueuse : glandes plus nombreuses, plus développées, cellules plus actives chez l'un que chez l'autre. Ces différences individuelles peuvent sans doute être congénitales, mais souvent elles sont acquises. Le régime habituel, le nombre et l'abondance des repas, la prédominance des aliments azotés ou des matières amylacées peuvent à la longue, croyons-nous, amener une hypertrophie ou un affaiblissement de l'appareil glandulaire, en vertu de la loi générale de l'adaptation des organes aux fonctions qu'ils remplissent.

Quelle est, dès lors, l'importance de la sécrétion dans la genèse des affections de l'estomac et quelle valeur faut-il attacher à la connaissance du chimisme au point de vue de diagnostic? Nous nous expliquerons à ce sujet immédiatement après l'exposé rapide de nos connaissances actuelles sur la physiologie normale de la sécrétion gastrique.

I

PHYSIOLOGIE DE LA SÉCRÉTION GASTRIQUE

Le suc gastrique dans le sens que l'on y attache d'ordinaire est un liquide complexe. Il est formé : 1° par le produit des glandes et de l'épithélium de la muqueuse stomacale, c'est là le suc gastrique proprement dit; 2° par les éléments solubles des ingesta; 3° par la salive et le mucus œsophagien déglutis.

Depuis Leube [2] on se procure du suc gastrique de l'homme à toutes les périodes de la digestion à l'aide de la sonde stomacale.

Mais dans cette méthode comme dans presque toutes les autres qui l'ont précédé, le liquide obtenu n'est pas du suc gastrique pur, c'est-à-dire le produit exclusif des glandes de l'estomac; il est mélangé d'aliments et de salive.

Haidenhain [3] le premier obtint du suc gastrique pur en isolant complètement une partie de l'estomac, qu'il fermait d'un côté en cul-de-sac, tandis que l'autre côté était abouché avec la paroi abdominale; en même temps il soudait les deux parties de l'estomac entre lesquelles il avait enlevé un morceau, de manière à assurer le cours régulier des substances alimentaires.

1. Verhaegen, Des variations de la sécrétion acide chez les sujets normaux, *Cellule*, 1897.

2. Leube, *loc. cit.*

3. Haidenhain, *Pflüger's Archiv.*, t. XIX, 1879.

Récemment Pavlow et Mme Schumow-Simanowsky [1] et le docteur Frémond de Vichy ont perfectionné le procédé opératoire. Les premiers combinent la gastrotomie avec l'œsophagotomie; la gastrotomie permet de recueillir le suc gastrique au fur et à mesure de sa production; l'œsophagotomie empêche les aliments et la salive de pénétrer dans l'estomac. Frémond isole tout l'estomac et soude le duodénum à l'œsophage.

Les glandes de l'estomac. — Les glandes de l'estomac comprennent deux variétés [2] : les glandes du fond et les glandes pyloriques. Les unes comme les autres sont des glandes tubuleuses simples ou composées.

Les *glandes du fond*, qui occupent la grosse tubérosité et le corps de l'estomac, sont très abondantes, serrées les unes contre les autres. Elles sont formées de deux espèces de cellules : 1° les *cellules principales*, cylindriques, à protoplasme granuleux, constituant la plus grande partie de la glande; elles se colorent très peu par le carmin; 2° les cellules de revêtement ou de bordure, plus volumineuses, plus foncées, possédant une grande affinité pour les couleurs d'aniline. Elles occupent la périphérie de la glande, immédiatement sous la membrane propre qu'elles soulèvent en donnant à la glande un aspect mamelonné.

Les *glandes pyloriques* sont plus distantes les unes des autres. Elles sont constituées par une seule espèce de cellules qui ont les caractères morphologiques des cellules principales des glandes du fond.

L'*épithélium* est formé d'une rangée de cellules cylindriques qui sécrètent du mucus.

§ I. Les éléments constitutifs du suc gastrique.

§ I. **Les éléments constitutifs du suc gastrique.** — Les éléments constitutifs du suc gastrique sont l'HCl, la pepsine, la caséase, enfin le mucus.

L'acide chlorhydrique. — Les analyses de C. Schmidt, les recherches de Richet, de Maly [3] et d'autres ont prouvé que le suc gastrique renferme HCl libre. HCl se forme aux dépens du chlorure de sodium; celui-ci se décompose suivant la formule $NaCl + H^2O = NaOH + HCl$. La soude mise en liberté par cette réaction est reprise par le sang, d'où un excès d'alcalinité de celui-ci pendant la période digestive qui se traduit par l'abaissement temporaire de l'acidité urinaire. Mais quel est l'agent de cette décomposition et où se fait-elle? On ne sait rien de précis à cet égard. L'hypothèse la plus répandue est encore celle de Bidder et Schmidt [4]. HCl est directement sécrété par les glandes, se dissout dans l'eau, se combine en partie aux autres produits de sécrétion, notamment à la pepsine, et arrive ainsi à la surface de la muqueuse. Hayem et Winter [5] ont proposé une nouvelle théorie. Pour eux la sécrétion stomacale provoquée par l'excitation due à l'aliment n'est pas HCl, mais du chlorure de sodium. Celui-ci est décomposé par l'activité cellulaire, d'où résulte la formation de HCl naissant qui se combine au fur et à mesure de sa production avec les substances azotées des ingesta et donne naissance à des composés chloro-organiques. Plus tard le chlore organique ainsi produit se décompose à son tour en donnant des peptones et en régénérant HCl. C'est alors que l'acide chlorhydrique libre fait son apparition. Il y a un point faible dans cette théorie. La décomposition de NaCl se fait-elle dans la cellule ou en dehors de la cellule? Hayem ne s'explique pas clairement. Si elle se fait dans la cellule, la théorie n'est qu'une variante de celle de Bidder et Schmidt, puisque HCl constitue, en somme, le produit définitif de l'élaboration glandulaire; si elle se fait en dehors de la cellule, si c'est du chlorure de sodium qui arrive

---

1. Palow et Mme Schumow-Simanowsky, *Vratsch*, 1890, n° 41.
2. Les glandes de l'estomac ont été étudiées, surtout par Haidenhain et ses élèves. Voir : Haidenhain, *Archiv f. mikrosc. Anat.*, 1870; Ebstein, *Archiv f. mik. Anat.*, 1870; Von Brünn und Ebstein, *Arch. f. d. Ges. Phys.*, III, 1870; Ebstein u. Grützner, *ibidem*, VI, 1872, VIII, 1874; Grützner, *Habilitationsschrift*, 1874.
3. Maly, *Annalen der Chemie und Pharmacie*, t. CLXXIII.
4. Bidder et Schmidt, *loc. cit.*
5. Hayem et Winter, *Du chimisme stomacal*, Paris, 1891.

à la surface de la muqueuse pour se mélanger à la masse alimentaire, quel est l'agent de la décomposition? Du reste on a fait à la théorie de Hayem des objections sérieuses que nous ne pouvons pas discuter ici [1].

Quoi qu'il en soit, on admet généralement avec Heidenhain [2] que les cellules de recouvrement des glandes du fond sont chargées de l'élaboration de HCl et que celui-ci fait défaut dans les glandes pyloriques où ces cellules n'existent pas.

Concentration. — Dans les expériences de Heidenhain [3] et de Pavlow et Mᵐᵉ Schumow-Simanousky [4], qui obtenaient du suc gastrique absolument pur chez des chiens, l'acidité oscillait entre 4,5 et 5,5 p. 100. Pendant la digestion ce suc se trouve dilué par le mucus et la salive buccale, par les aliments et les boissons ingérés et par le suc pylorique qui est neutre ou légèrement alcalin.

Action de HCl. — Les expériences de digestion *in vitro* prouvent que la pepsine est inactive en milieu neutre ou alcalin. Pour que la fibrine ou l'albumine se dissolve il faut aciduler le liquide. Mais HCl intervient aussi directement dans le processus digestif. Pfungen et Lütke ont montré que les matières albuminoïdes peuvent se combiner aux acides par le chaînon amide de leur molécule. Ces combinaisons se font en proportions déterminées, c'est-à-dire qu'il y a formation d'un corps nouveau dans lequel l'acide a perdu une partie de ses propriétés. C'est ainsi que HCl ne se révèle plus à certains réactifs colorants tels que la phénolphthaléine.

Hayem, grâce à sa méthode de dosage du chlore, a démontré que ces combinaisons se produisent dans l'estomac et que c'est sous forme de combinaisons chloro-organiques que se retrouve la plus grande partie de HCl sécrété par les glandes. Pour lui, ce chlore organique constitue le chlore vraiment utile, celui qui intervient activement dans la digestion. Il représente le premier stade de la transformation des matières albuminoïdes en peptone, le stade d'albumine acide et sa quantité permet d'apprécier l'activité du processus peptique.

HCl joue encore un autre rôle, c'est un antiseptique puissant qui empêche le développement des micro-organismes qui pénètrent dans l'estomac avec la salive et les aliments. Naguère certains auteurs (Jaworcki et Grunznach, puis Bunge [5]) ont même prétendu que HCl n'intervient pas dans le processus digestif et qu'il sert simplement de moyen de désinfection pour prévenir les fermentations pendant le séjour des aliments dans l'estomac. C'est réduire outre mesure l'importance d'un facteur essentiel du suc gastrique.

La pepsine. — La pepsine est un ferment soluble dont la composition se rapproche de celle des matières albuminoïdes d'où elle dérive probablement. Elle est élaborée par les cellules principales des glandes de fond; d'après Heidenhain on la rencontre aussi dans le suc des glandes pyloriques. Elle n'est pas sécrétée comme telle, mais sous forme d'un zymogène : la propepsine. Celle-ci sous l'action de HCl se transforme en pepsine [6].

Action de la pepsine. — La solution aqueuse, légèrement *acidulée*, de pepsine dissout la fibrine et l'albumine cuite et les transforme en peptone. Cette action se réduit au point de vue chimique à l'hydratation de la molécule d'albumine. Cette transformation ne s'opère pas d'un coup; de même que dans l'action saccharifiante de la salive sur l'amidon il y a entre celui-ci et la maltose une série de composés intermédiaires : amidon soluble, achroo- et érythoodextrine, de même entre la fibrine d'un côté et la peptone de l'autre il y a des points de transition qu'on désigne sous le nom commun d'albumoses ou protéoses. Ces dérivés ne sont pas complètement connus. Les principaux sont la syntonine et la propeptone [7].

L'action de la pepsine est soumise aux lois générales des ferments solubles. Elle est surtout énergique à 35°; elle diminue avec l'abaissement et avec l'augmentation de la température; à 55° elle est définitivement détruite. Elle est paralysée par la présence d'une certaine quantité de peptone et reprend lorsqu'on enlève l'excès ou qu'on dilue la proportion. Une condition spéciale de son activité, c'est l'acidité de milieu. Une

---

1. Voir Bouveret, *Traité des maladies de l'estomac*, 1893, p. 73.

2. Haidenhain, *Archiv. f. microsc. Anat.*, 1870.

3. Haidenhain, *Flüger's Archiv*, t. XIX, 1879.

4. *Loc. cit.*

5. Cités par Ewald. *Berlin, Klin. Wochenschrift*, juillet 1892.

6. Schiff, *Leçons sur la physiologie de la digestion.*

7. Voir les traités de chimie physiologique, notamment Kammarsten, *Lehrbuch der physiologischen Chemie.*

acidité de 2 p. 1000 en HCl lui convient le mieux. En solution neutre, son action
s'arrête pour reprendre dès qu'on acidule de nouveau.

La caséase ou Labferment. — De tout temps on savait que le suc gastrique ren-
fermait une substance qui coagule le lait. Sans doute l'HCl du suc gastrique peut contribuer à la coagulation du lait; mais la preuve que ce n'est pas l'acide qui joue le
rôle principal dans l'estomac, c'est que la précipitation de la caséine se produit tout
aussi bien avec du suc gastrique soigneusement neutralisé qu'avec du suc gastrique
ordinaire. On a donc supposé l'existence d'un ferment analogue à la pepsine. Hammarsten[1] a déterminé la nature et le mode d'action de ce ferment que les Allemands
appellent Labferment (ferment de la présure) et les Français caséase.

La caséase se rencontre surtout chez le jeune mammifère nourri de lait; on en
trouve aussi chez l'adulte, mais souvent excessivement peu. Elle a pour fonction de
modifier la caséine, de la précipiter de sa solution normale, le lait. La coagulation
de la caséine ne résulte pas d'une action directe de la caséase. Il faut pour qu'elle se
produise la présence de sels de chaux, notamment du phosphate de chaux. La caséine
est dédoublée par la caséase en deux substances albuminoïdes : l'une abondante qui
se précipite par les sels alcalino-séreux pour former le caséum, l'autre qui ne se précipite pas par ces sels et qui constitue la substance albuminoïde du lactosérum. La
caséase n'est donc pas un ferment coagulant, c'est un ferment dédoublant, comme la
pepsine[2].

D'après Gley et Camus[3], la caséase est encore active à 0° en solution acide. Desse-
chée elle peut être portée à une température élevée sans perdre ses propriétés, tandis
que les solutions aqueuses sont rapidement détruites.

La caséase est sécrétée par toute la surface de la muqueuse, mais surtout dans le
fundus (Hammarsten) non comme telle, mais sous forme d'un zymogène qui par l'action de HCl acquiert la propriété de caséifier le lait.

Le mucus. — Le mucus provient des cellules épithéliales de la muqueuse. Il y a
une réaction alcaline. Il n'intervient pas activement dans le processus digestif, mais
joue peut-être un certain rôle dans la protection de la muqueuse contre l'auto-
digestion.

Outre ces quatre substances qui sont les éléments essentiels du suc gastrique, on y
trouve normalement pendant la période digestive d'autres produits qui proviennent
soit d'une simple dissolution (les sels), soit de l'action de HCl et des ferments peptiques
sur les aliments (acides organiques, peptones), soit de la bouche et de l'œsophage
(salive, mucus). Certaines de ces substances ne présentent guère d'intérêt : d'autres
jouent un rôle dans le processus digestif à l'état physiologique ou à l'état pathologique.

II. La nature de la sécrétion. — La sécrétion gastrique est intermittente; à l'état de repos, c'est-à-dire de vacuité de l'estomac, les glandes ne sécrètent pas. Cela ne veut pas dire que chez un homme bien portant on trouve l'estomac absolument vide à jeun. Nous avons pratiqué le cathétérisme plus de deux
cents fois, le matin à jeun, chez une vingtaine d'individus normaux[4]. Quelquefois
l'estomac était absolument vide, mais le plus souvent la sonde ramenait un peu
de liquide. La quantité variait de 0 à 50 centimètres cubes; ordinairement il y avait
de 10 à 20 centimètres cubes. La réaction de ce liquide était toujours acide; tantôt
on n'y constatait pas la présence de HCl libre; d'autres fois la réaction était très
marquée et, dans ce dernier cas, le liquide était souvent teinté en jaune ou en vert
par la bile. Les observateurs les plus récents[5] ont constaté la même chose. Nous
insistons un peu sur ce fait parce qu'il y a très peu d'années la présence dans
l'estomac d'une faible quantité même de suc gastrique à jeun était considérée comme
un état pathologique.

Les glandes stomacales pour entrer en activité ont besoin d'être stimulées. Différents agents peuvent provoquer la sécrétion; les influences psychiques, l'excitation de

1. Hammarsten, *Zür Kenntniss der Caseum und der Wirkung des Labferments. Fest-
schrift*, Upsala, 1877.

2. Hammarsten, *loc. cit.* et *Lehrbuch der physiol. Chemie*.

3. Gley et Camus, *Comptes rendus de l'Académie des sciences*, juillet 1897.

4. Verhaegen, De la variabilité de la sécrétion acide à l'état normal, *Cellule*, 1897.

5. Schréiber, *Archiv für exper. Pathol. und Pharmacol.*, XXIV, p. 365 ; Rosin,
Deutsch med. Wochenschrift, 1888, p. 966; Martins, *ibidem*, 1894, n° 42 ; Schüle, *Zeitschrift für klin. Medicin*, 1896.

la muqueuse bucco-pharyngienne, la salive (?), mais principalement l'arrivée des aliments dans le ventricule.

Le mécanisme intime de la sécrétion n'est pas complètement élucidé. Deux nerfs y président : le pneumo-gastrique et le sympathique. D'après les travaux récents [1], le premier réglerait la formation des éléments spéciaux du suc gastrique : HCl et la pepsine ; le second aurait sous sa dépendance la partie aqueuse de la sécrétion.

§ III. Le processus digestif [2]. — Dans l'étude du processus digestif, l'attention des observateurs s'est portée avant tout, on peut même dire exclusivement, sur les oscillations de HCl. Les ferments solubles, la pepsine et le ferment Lab, difficiles à isoler, encore plus difficiles à doser, ne se prêtent pas à une étude suivie. Du reste deux faits semblent acquis : 1° le suc gastrique qui renferme HCl renferme toujours de la pepsine ; généralement celle-ci est proportionnelle à la quantité d'HCl ; 2° une faible quantité de pepsine peut digérer une quantité considérable d'albumine ou de fibrine.

Voici comment nous entendons le processus digestif. Dès que les aliments arrivent dans l'estomac, la sécrétion du suc gastrique commence. Les premières parties de HCl neutralisent les bases inorganiques qui se trouvent dans les aliments sous forme de carbonates, lactates, etc., de soude, de potasse, de magnésie, etc. Il se forme ainsi des chlorures alcalins en même temps que les acides organiques, chassés par HCl, deviennent libres. Cet HCl combiné aux bases inorganiques est définitivement perdu pour la digestion.

Puis HCl se lie aux bases organiques faibles : albumine, créatine, créatinine, etc., combinaisons que nous désignerons dorénavant sous le nom de combinaisons *chloro-organiques* ou de *chlore combiné*. Le chlore combiné renferme des produits variables au point de vue de leur stabilité, mais presque tous se révèlent au tournesol et à la phénolphthaléine comme des combinaisons acides.

Quand les albumines sont saturées d'HCl, celui-ci se montre à l'état d'HCl libre. En réalité ces trois stades ne sont pas nettement tranchés ; il y a encore des chlorures neutres et du chlore combiné qui se forment alors qu'il y a déjà HCl libre, ce qui se comprend très bien, parce que le suc gastrique ne pénètre que progressivement dans la masse alimentaire.

L'acidité totale du suc gastrique à un moment quelconque de la digestion a donc une origine complexe. Elle comprend : 1° HCl libre s'il y en a ; 2° HCl combiné ; 3° les acides organiques libres parmi lesquels le principal est l'acide lactique ; 4° les sels acides, surtout les phosphates acides. Nous explorerons dans le prochain chapitre la manière de la mesurer.

L'acidité totale et les principaux facteurs qui la composent n'ont pas la même valeur à toutes les périodes de la digestion. La connaissance de ces variations a une grande importance au point de vue de la pathologie de l'estomac. Nous les exposerons brièvement.

1. Janotsky, *Archives des Sciences biologiques de Saint-Pétersbourg*, 1892.
2. Pour les détails et la bibliographie de ce paragraphe, nous renvoyons à nos travaux : *Les sécrétions gastriques, la Cellule*, t. XII, et Variabilité de la sécrétion acide à l'état normal, *ibidem*.

1° *L'acidité totale*. — Elle augmente progressivement depuis le début de la digestion jusqu'au dernier quart environ. En ce moment elle atteint son maximum, puis elle décline rapidement [1]. Elle peut se traduire par une courbe qui s'élève lentement au-dessus de la ligne des abscisses pendant les trois premiers quarts de la digestion, puis descend brusquement, sans cependant tomber à zéro. Cet abaissement de l'acidité totale survenant à la dernière période de la digestion reconnaît pour cause non pas un arrêt de la sécrétion chlorhydrique, mais bien une intervention active de la sécrétion pylorigène qui est neutre. En réalité cette action diluante du suc pylorique ne se manifeste pas seulement à la fin du repas. Elle a lieu plusieurs fois dans le cours de la digestion. Au début son influence est peu marquée; elle devient d'autant plus énergique que le contenu stomacal se réduit et qu'elle agit sur une masse moindre.

L'acidité totale varie donc aux différentes périodes de la digestion. Elle varie aussi suivant la quantité et suivant la nature du repas :

1° Suivant la quantité. Lorsque la quantité d'un repas donné augmente, la courbe de l'acidité totale monte plus lentement, mais s'élève plus haut; cependant cette influence n'est pas aussi marquée que la suivante;

2° Suivant la nature du repas. Sous ce rapport on peut classer les aliments habituels dans l'ordre ascendant suivant : le pain, le lait, les œufs, la viande. Le pain détermine la stimulation la plus faible sur l'appareil glandulaire de l'estomac; la viande agit le plus énergiquement. Ces différences sont très marquées.

L'acidité absolue varie encore, d'un individu à l'autre; en d'autres termes, il n'existe pas d'acidité digestive normale. C'est pour cela en grande partie que les chiffres donnés comme physiologiques diffèrent notablement d'un auteur à l'autre. Mais nous avons observé directement cette variabilité. Nous avons examiné une vingtaine de jeunes gens bien portants dans des conditions absolument comparables, et nous avons trouvé des différences de 1, 1 1/2 et 2 pour 1000.

Cette variabilité individuelle n'a aucune influence sur la durée de la digestion. Celle-ci s'achevait chez les différents sujets, au bout d'un temps sensiblement le même, du moins pour des repas modérés comme le sont les repas d'épreuve. L'estomac se vide encore régulièrement lorsque HCl vient à faire défaut brusquement pendant un temps plus ou moins long, comme nous l'avons constaté quelquefois à la suite du cathétérisme.

Quant aux causes de cette différence d'individu à individu elles sont peut-être multiples; mais nous croyons que le régime habituel du sujet a une grande influence. C'est chez les sujets à régime carnivore prédominant que nous avons rencontré les plus fortes acidités.

2° *HCl libre* n'est appréciable qu'un certain temps après l'ingestion du repas. Il apparaît d'autant plus tardivement que le repas est plus copieux, qu'il est plus riche en substances albuminoïdes et que la sécrétion acide est plus faible. Presque tous les auteurs (von den Velden, Riegel, Ewald et

---

1. Consulter le tracé de la page 10.

Boas) distinguent deux phases dans le travail digestif. La première s'étend depuis le début jusqu'à la première apparition de HCl libre. C'est la période amylolitique; comme son nom l'indique, les matières amylacées continueraient à subir l'action saccharifiante de la salive; la seconde période, ou période protéolytique s'étend depuis l'apparition d'HCl libre jusqu'à la fin de la digestion et représente la digestion des albumines. En réalité cette conception de la digestion stomacale est absolument fausse. Les matières amylacées subissent peu de modifications dans l'estomac. La salive peut encore agir tout au commencement de la période digestive, mais son action est rapidement neutralisée, parce que même en l'absence d'HCl libre, l'acidité du milieu est trop élevée. D'un autre côté la digestion des albumines ne commence pas avec l'apparition d'HCl libre; elle se fait dès le début de la digestion; ce qui le prouve c'est la présence du chlore combiné dès les premiers moments. Une fois que HCl s'est montré à l'état de liberté, il ne disparaît plus et augmente presque graduellement vers la fin du repas.

Quant au *chlore combiné*, sa courbe est sensiblement parallèle à celle de l'acidité absolue. Il constitue donc bien, ainsi que le prétend Hayem, la partie la plus active du chlore, celle qui intervient directement dans le travail de peptonisation.

Le tableau suivant, emprunté à nos observations personnelles montre l'évolution de la digestion.

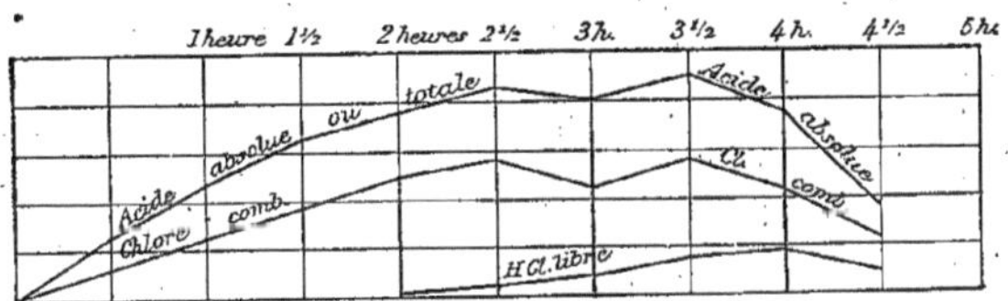

L'*acide lactique* reconnaît une double origine : ou bien il est apporté par les aliments, notamment par la viande (acide sarcolactique) ou bien il provient de la fermentation des matières hydrocarbonées, amidon, sucre, etc. Cela explique pourquoi on le trouve surtout au début de la digestion pendant la période amylolytique qu'on a désignée aussi sous le nom de période de l'acide lactique (Ewald et Boas). Il disparaît progressivement par résorption ou neutralisation.

Les produits de la digestion. — Les *matières albuminoïdes* sont transformées en *peptones*, substances solubles, dialysables qui se résorbent facilement. Nous avons déjà dit qu'entre les albumines et leur produit d'hydratation il y a une série d'intermédiaires qui ne sont pas complètement connus (syntonines, propeptones, etc.).

Les *hydrates de carbone* insolubles peuvent être transformés aussi longtemps que l'action du ferment salivaire n'est pas arrêtée par l'acidité croissante du milieu stomacal. L'amidon est changé progressivement en amidon soluble, érythro- et achroodextrine, finalement en dextrine et en maltose.

Les *graisses* ne subissent aucune modification chimique. Leur décomposition en acides gras et en glycérine peut être considérée comme nulle dans les conditions normales.

La durée de la digestion gastrique. — Les *liquides* quittent l'estomac avec une rapidité très variable d'un moment à l'autre suivant que l'organisme est plus ou moins assoiffé. Lorsque des aliments solides et liquides sont introduits simultanément dans l'estomac, l'excès de liquide est rapidement évacué dans le duodénum.

Les *aliments solides* séjournent d'autant plus longtemps dans l'estomac que la masse est plus considérable et que leur élaboration exige une somme élevée de travail. Pour Leube, son repas d'épreuve (un gros beefsteak) doit être digéré en sept heures par un estomac normal. C'est là une limite extrême, un estomac bien conditionné se débarrasse plus vite. D'après un grand nombre d'expériences instituées sur nous-mêmes, nous avons trouvé que 100 grammes de pain disparaissent en trois heures, 150 grammes en quatre heures; 60 grammes de viande avec 100 grammes de pain (repas d'épreuve de G. Sée) en quatre heures. Un demi-litre de lait bouilli était digéré en deux heures et demie; un litre en trois heures et demie. Un dîner ordinaire, soit 150 grammes de viande et 100 grammes de pain, exigeait quatre à cinq heures pour être digéré.

Pour clore ce chapitre, nous dirons un mot de la fonction motrice de l'estomac. A jeun le ventricule est revenu sur lui-même et formé une petite poche complètement ou presque complètement cachée sous le rebord costal. Supposons maintenant un repas asssez abondant. L'excitation produite par le contact des aliments excite, par mécanisme réflexe, la contraction de la tunique musculaire. L'estomac se resserre sur son contenu et montre seulement quelques petites contractions indéterminées. Après deux ou trois heures il se produit des mouvements ondulatoires, lents et vermiculaires, qui ne sont ni très rapides, ni très énergiques, de sorte que la lumière de la cavité gastrique n'est pas sensiblement diminuée. Les mouvements de la moitié gauche (corps de l'estomac) sont indépendants de ceux de la partie droite (antre du pylore).

Au pylore des ondes péristalliques et antipéristalliques s'étendent depuis le milieu de l'estomac jusqu'à l'embouchure du canal cholédoque. A gauche les mouvements commencent au cardia, passent sur le grand cul-de-sac et s'arrêtent au milieu de l'estomac. Ils sont plus faibles et moins fréquents que dans la moitié droite. Ces mouvements n'ont pas une influence directe sur l'ouverture du pylore. Celle-ci coïncide quelquefois avec les contractions péristalliques de la moitié droite de l'estomac, mais souvent les contractions passent le pylore sans qu'il s'ouvre.

Comment se comportent les orifices pendant la période digestive? Le *cardia* reste fermé pendant tout le temps de la digestion, mais ce n'est pas une contraction spasmodique. Nous avons introduit la sonde à tous les moments de la digestion; jamais elle n'a éprouvé la moindre difficulté pour franchir cet orifice. Le *pylore* s'ouvre de temps en temps à des intervalles variables, plus fréquemment à la fin qu'au début des repas. Ni l'acidité plus ou moins prononcée du milieu stomacal, ni les contractions de la paroi n'influencent l'ouverture ou la fermeture du pylore. Cette valvule est en grande partie gouvernée par l'intestin [1]. L'intestin est-il vide,

____

1. Von Mehring, *Fortschritte der Medicin*, 1893 ; Hirsch, *Centralblatt f. klin. Medic.*, 1893 ; Marbaix, Le passage pylorique, *la Cellule*, 1897.

aussitôt le pylore s'ouvre et une partie du contenu de l'estomac s'échappe dans le duodénum. Cette action inhibitoire de l'intestin sur la valvule pylorique est limitée à sa moitié supérieure.

On trouvera à la fin de ce travail la technique du cathétérisme de l'estomac et de l'analyse du liquide gastrique. Beaucoup de médecins manifestent encore une répugnance invincible pour l'emploi de la sonde. Ce ne sont pas tant les difficultés qui les arrêtent que bien l'ignorance des méthodes. Comme nous le verrons, celles-ci n'exigent ni connaissances spéciales, ni installations coûteuses. Le petit appareil pour le dosage de l'acidité absolue que nous décrivons plus loin et qu'on peut parfaitement remplacer par une simple burette de Mohr et quelques réactifs suffisent pour se tirer d'affaire.

II

PATHOLOGIE DE LA SÉCRÉTION GASTRIQUE

Sous l'influence de ces causes pathogènes qui agissent dans l'estomac, la sécrétion peut subir des modifications dans sa quantité et dans sa qualité; dans sa quantité, la masse totale du suc élaboré peut être augmentée ou diminuée; quand elle est augmentée, l'excès de sécrétion peut se produire soit seulement pendant la période digestive, soit à l'état de jeûne, en dehors de toute stimulation des glandes; dans sa qualité, par une plus ou moins grande abondance d'acide chlorhydrique. Nous ne parlons pas de la pepsine ni du Labferment, parce que nous ne connaissons pour ainsi dire rien des modifications subies par ces deux éléments du suc gastrique dans les maladies de l'estomac.

Ces désordres sécrétoires reconnaissent deux ordres de causes : 1° un trouble fonctionnel, une excitabilité anormale ou une dépression de l'appareil glandulaire; la preuve, ce sont les vomissements abondants du suc gastrique presque pur qu'on rencontre parfois chez les tabétiques et chez des malades atteints d'hypersécrétion intermittente; 2° une lésion anatomique. Lorsque les glandes peptiques s'hypertrophient, s'atrophient, dégénèrent ou subissent une altération quelconque dans leur structure intime, le produit d'élaboration de ces glandes sera nécessairement altéré dans sa quantité et dans sa composition.

Notre intention n'est pas de passer en revue toute la pathologie de l'estomac. Certaines affectations, le cancer, l'ulcère sont connues depuis longtemps et parfaitement décrites, dans les auteurs classiques. Nous nous bornerons à l'étude de ce groupe de maladies désignées autrefois sous le nom collectif de dyspepsie et qui a fait l'objet de nombreuses recherches dans ces dernières années. Disons dès le début que nous répudions absolument ce terme auquel se rattache l'idée de trouble fonctionnel pur et que nous lui substituons celui, plus exact, de gastrite.

LES GASTRITES [1]

L'histoire de la gastrite date du commencement de ce siècle. Auparavant on ne parlait que d'embarras gastrique et de dyspepsie, c'est-à-dire de troubles de la digestion, mais on ne se doutait pas que dans nombre de cas ceux-ci dépendaient d'une lésion matérielle de l'estomac. Avec Broussais il survient un changement radical; la dyspepsie n'existe pas; il y a toujours une lésion, une inflammation de la muqueuse, soit aiguë, soit chronique. La gastrite joue un rôle prépondérant dans la genèse de toutes les affections; elle prédispose à la pneumonie, à la phtisie, aux affections cérébrales, etc. Puisqu'il s'agit d'une inflammation, il faut la combattre par les antiphlogistiques, la saignée générale et locale, les sangsues, etc. Ces exagérations de la théorie amenèrent la réaction. Elle fut complète en France. Avec Chomel on retomba dans le chaos des dyspepsies et des gastralgies et la gastrite fut presque effacée de la pathologie. En Allemagne, la réaction fut moins vive et les auteurs continuèrent à décrire la gastrite sous le nom de catarrhe de l'estomac.

Depuis quelques années l'étude du chimisme stomacal a produit un revirement en Allemagne. Les troubles de la sécrétion acide ont acquis une importance prépondérante dans l'étude des états dyspeptiques. Les premiers auteurs qui s'en sont occupés, Leube, Van den Velden, Reichmann, attribuaient les altérations sécrétoires à des lésions, et même à des lésions graves de l'estomac; les derniers, Rosenheim, Bouveret, etc., ont renversé les rôles et considèrent les altérations secrétoires comme le point de départ de la maladie. C'est ainsi que Bouveret [2] décrit l'hyperchlorhydrie, l'hypersécrétion permanente comme des affections protopathiques, indépendantes de toute lésion matérielle, du moins au début, mais pouvant occasionner à la longue des altérations diverses de la muqueuse, qu'il faut considérer comme des complications; toute la maladie consiste dans un trouble fonctionnel des centres nerveux qui président au fonctionnement glandulaire de l'estomac.

Hayem [3] a toujours combattu cette conception des troubles de la sécrétion; il n'admet pas de névroses sécrétoires. D'après lui, l'hyperchlorhydrie, l'hypochlorhydrie et l'achlorhydrie sont en rapport avec un état anatomique particulier de la muqueuse, c'est-à-dire avec une évolution spéciale du processus inflammatoire. Celui-ci attaque soit le parenchyme glandulaire seul, soit le tissu interstitiel, soit les deux à la fois, et y produit des modifications diverses. De là trois formes de gastrite : la gastrite parenchymateuse, la gastrite interstitielle et la gastrite mixte; chacune de ces formes

---

1. Le lecteur remarquera que nous laissons de côté les gastrites aiguës pour nous occuper exclusivement des formes subaiguës et chroniques.

2. Bouveret, *Traité des maladies de l'estomac*, 1893.

3. Hayem et Lion, Maladies de l'estomac, in *Traité de médecine* de Brouardel et Gilbert, 1897.

comprend plusieurs variétés, suivant l'aspect que présentent les cellules sous le microscope.

Toutes ces variétés anatomiques se traduisent, dans la pensée de Hayem, par des modifications spéciales dans le produit sécrété, modifications quantitatives (hyperpepsie et hypopepsie), modifications qualitatives (rupture de l'équilibre entre l'HCl et les autres radicaux acides), modifications dans l'évolution du processus sécrétoire (précipitation ou prolongation de l'acte digestif). L'étude de ces anomalies de la fonction sécrétoire, qu'Hayem a entreprise en se guidant sur des idées tout à fait personnelles, l'ont amené à une classification clinique nouvelle des gastrites. Nous la donnons d'après la dernière édition :

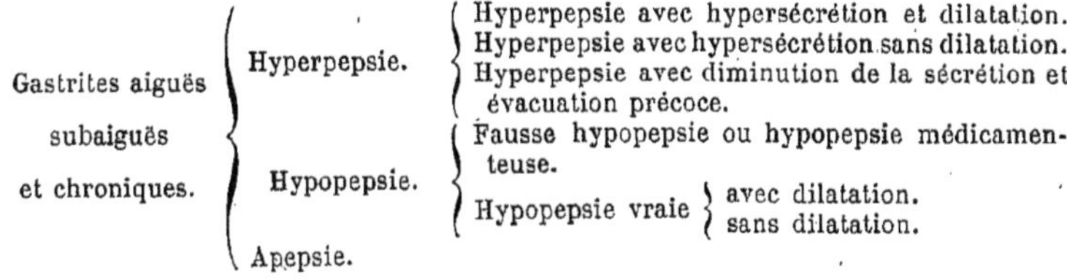

Comme on le voit, les anomalies de la sécrétion forment la base de ce système. Nous n'en discuterons pas la valeur. La complexité démontre suffisamment combien la tentative est difficile. Différentes causes compliquent singulièrement le problème de l'étude clinique des affections dyspeptiques.

Et d'abord la sécrétion chlorhydrique à l'état normal ne répond pas, ainsi que le suppose Hayem, à un type fixe, invariable. Nous avons rencontré l'hyperchlorhydrie la plus franche chez des jeunes gens qui n'avaient jamais accusé le moindre malaise à l'estomac. Dès lors, si on n'a pas examiné le chimisme normal, comment jugera-t-on que la sécrétion a subi une recrudescence ou un affaiblissement? On objectera qu'il s'agit d'une gastrique latente qni éclatera un jour ou l'autre. L'objection est spécieuse; ces cas sont très fréquents et d'autres auteurs [1] en ont observé avec nous.

En second lieu, la motilité compense longtemps les troubles sécrétoires. Aussi longtemps qu'elle est intacte, un suc gastrique très pauvre en HCl peut assurer la digestion stomacale. D'autre part, les troubles de la motilité, pour être moins connus, jouent un rôle tout aussi important que les anomalies sécrétoires dans la pathologie gastrique; à preuve la fréquence de la dilatation chez ceux qui se plaignent de l'estomac.

Enfin l'intestin lui-même entre largement en suppléance. Il s'en suit que lorsque l'intestin fonctionne bien, l'estomac peut entrer en jeu avec un minimum d'activité sans désordre de la digestion et sans que la nutrition générale en souffre. Presque tous les malades de l'estomac souffrent en même temps de l'intestin et les symptômes gastriques ne disparaissent que lorsqu'on a régularisé le fonctionnement intestinal.

---

1. Schüle, *Geschichte f. klin. Medicine,* 1895.

Disons-le franchement, on fait la place trop large aux troubles sécrétoires dans la pathologie des gastrites. Sans doute le processus inflammatoire qui envahit la muqueuse peut affecter les cellules glandulaires et altérer le produit sécrété, mais les lésions du parenchyme ne sont pas les seules, ni même, pensons-nous, les plus fréquentes. Dans les formes subaiguës et chroniques, le tissu interstitiel est le premier attaqué; par prolifération et plus tard par rétraction scléreuse il comprime les glandes et peut produire un affaiblissement de la sécrétion. L'épithélium de surface est le siège d'altérations diverses. Il prolifère ou tombe suivant l'intensité ou la durée d'action des causes irritantes; dans le dernier cas, il se forme des érosions, des ulcérations superficielles qui sont très probablement l'apanage des gastrites douloureuses. Dans les inflammations un peu vives, la musculature elle-même est atteinte dès le début et parésiée. L'anatomie pathologique pourrait éclaircir bien des mystères, mais il est rare qu'on puisse faire le contrôle nécropsique d'une affection gastrique débutante qu'on a observée pendant la vie et la muqueuse de l'estomac subit rapidement après la mort des altérations qui en rendent l'examen difficile.

Plutôt que de nous égarer dans des vues théoriques nous renonçons provisoirement à une classification méthodique des gastrites. Nous décrirons quatre types cliniques qui possèdent une symptomatologie assez nette et exigent une thérapeutique spéciale. Mais pour l'estomac plus que pour n'importe quel autre organe il faut se rappeler qu'il y a des malades et non des maladies; une exploration complète peut seule fournir un diagnostic exact.

Reste à résoudre la question : Quelle valeur faut-il attacher, au point de vue du diagnostic, à l'exploration du chimisme gastrique et au cathétérisme en général?

Les troubles du chimisme stomacal, par eux-mêmes, ne sont pathognomoniques d'aucune affection de l'estomac. Ainsi l'achlorhydrie n'est pas, comme on le croyait au début, propre au cancer; elle se rencontre aussi dans la dégénérescence amyloïde, dans les formes avancées du catarrhe chronique et dans la dyspepsie nerveuse; l'excès de sécrétion caractérise à la fois la gastrite avec l'hyperchlorhydrie, l'hypersécrétion chronique et l'ulcère de l'estomac. Il faut faire une réserve pour l'hypersécrétion chronique; dans cette affection, le cathétérisme permet de porter le diagnostic d'emblée.

Les différentes formes de gastrite s'accompagnent habituellement d'un état particulier de la sécrétion chlorhydrique, faible acidité dans l'une, forte acidité dans l'autre, soit que le processus pathologique provoque une recrudescence ou une diminution de l'activité glandulaire, soit que la constitution histologique de la muqueuse prédispose à telle ou telle forme clinique de la maladie. Les anomalies de la sécrétion chlorhydrique constituent donc un symptôme qui jusqu'à présent ne possède pas une importance prépondérante dans le tableau morbide, mais qui, convenablement interprété et rapproché des renseignements fournis par le commémoratif et l'exploration du ventre, acquiert une grande valeur et permet souvent de trancher un diagnostic douteux.

Au point de vue du traitement, cette exploration est d'une nécessité absolue. Sur elle est basée toute la thérapeutique symptomatique. Dans certaines formes de gastrite, les symptômes, la douleur, le vomissement sont directement en rapport avec l'abondance de HCl. Combattez la cause et les accidents disparaissent.

A côté du chimisme gastrique, le cathétérisme fournit encore toute une série d'indications précieuses. La digestion plus ou moins avancée des aliments, l'existence de fermentations anormales, la présence dans l'estomac d'organismes inférieurs sont des symptômes dont il faut tenir compte. Enfin le cathétérisme constitue le moyen le plus approprié pour l'étude de la motilité.

Division :

Gastrites aiguës.
{ Gastrite catarrhale **aiguë** dont la forme légère constitue l'embarras gastrique.
Gastrite **toxique** par ingestion de substances toxiques.
Gastrite **phlegmoneuse, rare.**

Gastrites subaiguës et chroniques.
{ Gastrite chronique simple ou catarrhe chronique.
Gastrite avec **hyperchlorhydrie.**
Gastrite avec **hypersécrétion.**
Gastrite **nerveuse,** ou mieux dyspepsie nerveuse.

Nous ne dirons rien des gastrites aiguës. Les traités classiques en exposent la symptomatologie avec beaucoup de netteté et il n'est pas besoin de recourir à la sonde pour reconnaître ces affections. Nous abordons l'étude des gastrites chroniques.

La **gastrite chronique simple,** qu'on désigne presque toujours sous le nom de catarrhe chronique de l'estomac; cette dernière dénomination n'est cependant pas fort exacte, parce que l'inflammation, au bout de quelque temps, intéresse le tissu interstitiel et finit même par envahir les autres tuniques de l'estomac. Cette réserve faite, nous emploierons indifféremment l'une et l'autre dénomination. La gastrite chronique absorbe la plus grande partie de ces états vagues désignés jadis sous le nom de dyspepsie flatulente, dyspepsie bilieuse, dyspepsie atonique, etc.

ÉTIOLOGIE. — Le catarrhe chronique est surtout une affection de l'âge adulte et de la vieillesse. Il est primitif ou secondaire. Primitif, il reconnaît pour cause avant tout l'abus de l'alcool; le catarrhe des buveurs est une des formes les plus communes de la gastrite chronique. L'usage du tabac, l'alimentation défectueuse, la mauvaise qualité des aliments, l'habitude de mâcher mal et de manger vite, l'abus des condiments et des médicaments irritants, des amers, des purgatifs, sont des causes fréquentes. La prédisposition individuelle joue un grand rôle; parfois cette préposition est héréditaire, on voit assez souvent que plusieurs membres d'une même famille ont « mauvais estomac ».

Secondaire, il complique les affections qui occasionnent la stase dans le système de la veine porte : affections chroniques du foie, du poumon et du cœur. Il se rencontre fréquemment dans la néphrite chronique et chez les prostatiques.

Symptomes. — Le *début* est ordinairement insidieux ; il est difficile pour le patient de dire exactement à quel moment ont paru les premiers symptômes dyspeptiques. L'*appétit* diminue. Parfois les malades ont encore de l'appétence pour certains aliments, mais à peine ont-ils commencé à manger que le sentiment de la satiété survient. La langue est large, couverte d'un enduit muqueux, et le sujet accuse, surtout le matin, différentes altérations du goût.

Après le repas il éprouve une *sensation de plénitude*, de pesanteur à l'épigastre, mais pas de vraie douleur. Ce malaise survient plus ou moins rapidement après l'ingestion des aliments ; il dure deux, trois, quatre heures et s'efface insensiblement à mesure que l'estomac se vide.

L'*éructation gazeuse* est un symptôme très fréquent. Les renvois gazeux sont fréquemment acccompagnés de régurgitation d'une partie du contenu stomacal, qui est la cause de cette sensation de chaleur ou de brûlure derrière le sternum à laquelle on donne le nom de pyrosis. Le pyrosis n'a aucune signification au point de vue de la sécrétion gastrique ; il peut être produit par les acides organiques de fermentation comme par l'acide chlorhydrique.

A ce malaise local s'ajoutent la pesanteur de la tête, la rougeur de la face, l'inaptitude au travail intellectuel, la somnolence. Ces symptômes se dissipent à mesure que la digestion progresse, mais une fois apparus, ils reviennent régulièrement à chaque repas. Le sommeil est agité, troublé par des rêves, des cauchemars, et le malade se lève abattu, fatigué. Ces troubles du sommeil sont l'équivalent des troubles cérébraux observés après le repas du midi.

Le *vomissement* est relativement rare. Il survient surtout dans le catarrhe chronique des buveurs, le matin à jeun, *vomitus potatorum*. Le liquide vomi dans cette circonstance est surtout composé de salive déglutie pendant la nuit et de mucus gastrique. D'autres fois le vomissement termine la phase dyspeptique. La matière vomie se compose de débris alimentaires et surtout d'abondantes mucosités. Quelquefois il s'y mêle de petites quantités de sang qui s'expliquent par les érosions de la surface et qui n'ont pas d'importance. Le catarrhe chronique s'accompagne d'une tendance marquée à la *constipation*.

Symptomes objectifs. — L'examen de la région de l'estomac n'offre souvent rien de particulier. L'épigastre est un peu plus tendu que d'habitude, un peu sensible à la pression, mais celle-ci ne provoque pas de vraie douleur. Lorsque le catarrhe chronique existe depuis un certain temps on perçoit les signes physiques de la dilatation.

Exploration avec la sonde. — Le matin à jeun, la sonde ramène une certaine quantité de liquide 50 à 100ᶜᶜ, liquide visqueux contenant une notable partie de mucus à réaction neutre ou légèrement acide, mais sans HCl libre. A moins que l'estomac ne soit notablement dilaté, il n'y a pas de résidus alimentaires.

Lorsqu'on administre le repas d'épreuve de G. Sée on constate d'abord une tendance au ralentissement de la digestion. Quatre heures après l'ingestion des aliments on retire encore une notable quantité de débris alimentaires. Le suc filtre très lentement, ce qui tient à l'abondance du mucus, et dans le liquide filtré l'acide acétique détermine un abondant précipité de mucine. L'acidité absolue est ordinairement faible; elle dépasse rarement 3 p. 1000 et peut tomber à 1 p. 1000. Dans les cas récents on constate encore la présence de HCl libre; dans les formes plus avancées, la réaction fait souvent défaut. La sécrétion n'a pas cessé, mais tout l'acide chlorhydrique est absorbé par les matières albuminoïdes. Dans ces cas il faut administrer un second repas d'épreuve plus petit, le déjeuner d'Ewald et Boas, et évacuer l'estomac après une heure. Si on ne trouve pas alors HCl libre, c'est que la sécrétion est très faible ou nulle. Ce n'est qu'à la toute dernière période, lorsque les glandes sont atrophiées, que l'élaboration de l'acide chlorhydrique cesse complètement.

Le résidu resté sur le filtre dégage souvent une odeur de beurre rance, provenant de fermentations anormales qui ont lieu dans l'estomac. Les aliments sont insuffisamment digérés; on y trouve surtout de nombreux fragments de viande plus ou moins attaqués par le suc gastrique. Le microscope décèle de nombreuses fibres musculaires qui possèdent encore leur structure, des grains de fécule gonflés, des levures et des sarcines.

ÉTAT GÉNÉRAL. — Pendant longtemps la nutrition peut rester satisfaisante. A la longue les troubles de la digestion amènent une perte plus ou moins complète du poids du corps. Certains désordres nerveux, particulièrement le vertige (*vertigo a stomacho læso*) et l'hypocondrie sont considérés comme des complications fréquentes de la gastrite chronique simple. Ces complications s'expliquent par mécanisme réflexe, mais dans le cas de vertige il ne faut jamais négliger d'examiner les oreilles et l'hypocondrie tient souvent à des tares névropathiques du sujet.

ANATOMIE PATHOLOGIQUE. — Si l'affection est encore de date récente, la muqueuse est rosée, tapissée d'une couche de mucus grisâtre; elle est épaissie, couverte de petites saillies arrondies et aplaties, disposition qu'on a décrite sous le nom d'état mamelonné. Dans certaines formes, notamment dans le catarrhe chronique des buveurs, on rencontre fréquemment de petites érosions à la surface. S'agit-il d'un catarrhe ancien, la muqueuse est amincie et atrophiée, sa surface est lisse et décolorée. Les lésions peuvent rester localisées à la muqueuse, à la longue elles envahissent la tunique musculaire et produisent la désorganisation de celle-ci.

Histologiquement la gastrite chronique simple représente la gastrite interstitielle de Hayem. Les lésions du tissu conjonctif occupent la première place. Il prolifère en refoulant les glandes; plus tard la sclérose envahit insensiblement le tissu de néoformation et produit la compression et l'atrophie des tubes glandulaires.

TRAITEMENT. — Le catarrhe secondaire exige le traitement de la maladie primitive. Le traitement du catarrhe primitif doit répondre à différentes indications : supprimer les causes qui l'ont provoqué ou qui l'entretiennent, calmer les symptômes pénibles qui accompagnent la digestion, soulager l'estomac en lui demandant un minimum d'activité.

Interdire l'alcool, le tabac, le café noir, les épices, les condiments, entretenir la propreté de la bouche et de l'arrière-bouche, remplacer les dents cariées et si le sujet porte des dents artificielles mobiles, les nettoyer souvent ; lui recommander de manger très lentement et de mâcher complètement ses aliments, telles sont les indications du premier point.

En second lieu il faut réduire le régime si le malade ne l'a pas fait spontanément. C'est après un repas copieux qu'il est le plus affaissé. L'estomac surchargé se débarrasse difficilement de son contenu, sa contractilité s'affaiblit, des fermentations anormales se produisent et constituent un nouvel élément de mauvaise digestion. On prescrira donc des petits repas ; quatre s'il n'y a guère de retard dans l'évacuation de l'estomac, trois seulement dans les formes plus graves, à sept heures du matin, à midi et à sept heures du soir. Il faut que le malade se mette à table avec un certain appétit, que le repas terminé il se repose quelque temps avant de reprendre ses occupations, qu'il ait l'esprit libre de toute préoccupation.

Quels aliments faut-il permettre ? Les albuminoïdes sont mal élaborés ; le régime composé exclusivement de matières amylacées exige l'ingestion des quantités considérables et conduit à la dilatation. Le régime doit être mixte parce que seul il entretient la nutrition générale. Seulement on recherchera les aliments qui possèdent le maximum de digestibilité et qui apportent à l'organisme sous le moindre volume le plus de matériaux nutritif. Le lait est un aliment complet de digestion facile. Deux litres et demi par jour suffisent au début chez un homme au repos. Quand le malade ne l'accepte pas volontiers, on peut y ajouter comme correctif un peu de café ou de cognac. Les autres aliments sont classés par Leube dans l'ordre décroissant suivant pour la digestibilité, c'est-à-dire pour la rapidité avec laquelle ils quittent l'estomac : le bouillon, la solution de viande de Leube et Rosenthal, les peptones, le lait, les œufs crus ou peu cuits, le biscuit, la cervelle et le ris de veau, les volailles, puis la viande finement hachée, le beefsteak. Peu à peu on passe à des mets plus consistants. La viande de porc est déconseillée par tous les auteurs. Les fromages et les légumes ne sont tolérés qu'en petite quantité, les premiers parce qu'ils prédisposent aux fermentations, les légumes parce qu'ils sont peu nutritifs et qu'ils sont constitués surtout par de la cellulose indigeste. Il convient de choisir ceux qui renferment peu de fibres et de cellulose : carottes, choux-fleurs, épinards, etc.

Comme boisson rien ne surpasse l'eau simple, mais peu de malades s'en contentent. On conseillera le lait comme tel ou mélangé à un peu de café ; les eaux minérales à acide carbonique prises en quantité modérée pendant le repas. Un peu de vin de Bordeaux délayé ou de la bière bien fermentée ne nuisent pas.

Telles sont les indications rationnelles du régime. Il n'y a cependant pas de règle absolue à suivre et il faut tenir compte dans une large mesure de l'expérience personnelle du malade et des idiosyncrasies. Il faut veiller au bon fonctionnement de l'intestin.

Les laxatifs légers, quelques lavements d'eau tiède agissent très favorablement.

Les *moyens thérapeutiques* ont singulièrement perdu de leur importance. Les médicaments les plus utiles sont les amers et l'acide chlorhydrique.

Les amers, le condurango, le columbo, le quinquina, la noix vomique excitent l'appétit et stimulent la sécrétion. On les donne un quart d'heure à une demi-heure avant le repas. Dès que l'appétit est revenu, on cessera la médication. HCl se prescrit en solution contenant 3 grammes d'HCl pour un litre d'eau; le malade prend de cette solution deux ou trois petits verres après le repas à une demi-heure d'intervalle. La pepsine est superflue. Les pepsines du commerce sont peu actives et l'estomac en sécrète suffisamment pour les besoins de la digestion.

Le *lavage de l'estomac* rend de grands services dans le traitement du catarrhe chronique. Lorsque l'estomac est atone, dilaté, lorsqu'il y a des fermentations anormales, il ne faut pas hésiter à y recourir. On pratique le lavage tous les jours, tous les deux ou trois jours suivant les cas. Il est inutile de recourir à des solutions médicamenteuses, l'eau tiède suffit. Au bout de huit ou quinze jours on interrompt quelque temps pour apprécier le résultat produit.

La gastrite avec hyperchlorhydrie. — En France, on désigne cette affection sous le nom de « hyperchlorhydrie » tout court; en Allemagne, on l'appelle « hyperacidité digestive ». Toutes réserves faites sur la nature de la maladie, nous nous servirons du premier de ces termes, qui est le plus répandu.

L'hyperchlorhydrie, telle que nous la décrivons, n'est connue que depuis 1886 par les travaux de Riegel [1] qui la sépare de l'hypersécrétion chronique. Ces deux affections, qui ont plusieurs points de ressemblance et qu'on peut considérer comme deux stades d'une seule maladie, sont confondus par beaucoup de cliniciens sous le nom de « hyperacidité ». L'hyperchlorhydrie n'est pas la dyspepsie acide de jadis; celle-ci désignait des troubles dyspeptiques d'origine très diverse, mais ayant un symptôme commun : le pyrosis. Le pyrosis n'a aucune signification au point de vue de la sécrétion chlorhydrique. Il peut être produit par la régurgitation d'un chyme faiblement acide, aussi bien par les acides organiques que par HCl. La plupart des cas de gastralgie des anciens étaient en réalité des gastrites avec hyperchlorhydrie.

Étiologie. — C'est une affection très fréquente. Les causes occasionnelles sont les mêmes que dans la gastrite chronique simple. Le plus souvent le patient fait remonter le début de la maladie à un surmenage prolongé du corps ou de l'esprit; à des excès de table, à l'abus de l'alcool, des condiments, des épices, des boissons alcooliques.

Symptômes. — Le début est lent et intermittent. Le malade éprouve quelques symptômes pénibles après le repas, brûlure à l'épigastre,

---

1. Riegel, *Zeitschrift f. klin. Medicine,* 1886.

pyrosis, etc. Les malaises sont d'abord passagers; peu à peu la maladie se dessine, les périodes d'accalmie se font plus rares, de vraies douleurs surviennent après le repas.

La *douleur* est un des principaux symptômes de l'affection. Elle se présente souvent sous forme d'accès gastralgiques, c'est-à-dire de douleurs vives, lancinantes, de crampes, comme disent les malades; elle siège à l'épigastre et s'irradie derrière le sternum et dans les derniers espaces intercostaux. Ces douleurs sont parfois tellement vives que le malade doit cesser toute occupation, qu'il se tient immobile, courbé en avant et se comprime l'épigastre des deux mains. Elles se calment par l'ingestion d'un peu de liquide, d'un peu d'aliments, surtout d'aliments riches en substances albuminoïdes, lait, œufs, viande; elles se calment encore mieux par le bicarbonate de soude; mais cette sédation est momentanée; un quart d'heure ou une demi-heure après, elles reprennent avec la même intensité. L'accès se manifeste deux, trois, quatre heures après chaque repas, il tarde d'autant plus à apparaître que le repas a été plus copieux. Quelquefois il survient après chaque repas, mais ordinairement il ne se produit qu'une seule fois pendant la journée, après le repas de midi. Il dure de quelques minutes à plusieurs heures et peut se prolonger jusqu'au repas suivant.

La douleur n'affecte pas toujours cette forme paroxystique; dans bien des cas le malade accuse simplement une sensation pénible de chaleur et de brûlure à l'épigastre, sensation qui revient périodiquement quelque temps après l'ingestion des aliments. Il est plus rare que les malades se plaignent d'une douleur sourde, continue, avec exacerbation pendant la période digestive.

Le *vomissement* se produit surtout dans l'hyperchlorhydrie avec accès gastralgique violent, il met fin alors à la crise. Ce n'est pas un symptôme habituel; il s'agit plutôt de régurgitations très acides que de véritables vomissements.

SYMPTÔMES OBJECTIFS. — Les limites de l'estomac sont normales, il n'y a pas de clapotement, pas de dilatation. *L'estomac est sensible à la pression*, mais seulement dans la région pylorique, soit pendant l'accès gastralgique, soit même en dehors de toute douleur spontanée. Cette douleur à la pression prouve une sensibilité anormale de la muqueuse. Plus la zone hyperesthésiée est étendue, plus la maladie est grave; elle disparaît progressivement à mesure que le patient se rétablit. Le ventre est souvent rétracté, les intestins se palpent à travers la paroi abdominale.

EXPLORATION PAR LA SONDE. — A jeun, l'estomac est vide ou bien la sonde ramène un peu de liquide, 20 à 30 centimètres cubes, transparent sans résidu alimentaire incolore ou coloré en vert par les pigments biliaires. Lorsque cette quantité dépasse 50 centimètres cubes, le pronostic s'aggrave parce que la sécrétion est en train de devenir continue.

Lorsqu'on introduit la sonde deux heures et demie après le repas de G. Sée, on retire un chyme en pleine digestion, finement brassé. La filtration se fait rapidement. Le liquide filtré donne *habituellement* une acidité totale élevée et une réaction très énergique avec les réactifs de l'acide chlorhydrique libre. L'acidité totale atteint parfois 5 p. 1000 et au delà. Le degré de l'acidité n'est nullement en rapport avec l'intensité des symptômes subjectifs et la gravité de l'affection. Il y a des malades qui ont 4,5 à 5 p. 1000 d'acidité totale et qui n'accusent que des sensations pénibles de chaleur et de brûlure à l'épigastre sans accès gastralgique; d'autre part on rencontre assez souvent des patients qui présentent le tableau clinique complet de l'hyperchlorhydrie et chez lesquels l'analyse révèle des chiffres qui ne dépassent pas la moyenne habituelle et qui même lui sont inférieurs.

L'examen du résidu resté sur le filtre indique que la digestion se fait normalement. Ce résidu se compose surtout de pain; la plus grande partie de la viande est déjà digérée. Au microscope on trouve de rares fibres musculaires gonflées, surtout des grains de fécule et de graisse s'il y en avait dans le repas d'épreuve. On ne découvre pas d'organismes inférieurs.

L'état avancé de la digestion permet de conclure que la motilité est peu atteinte ou même indemne et que l'estomac se vide comme à l'état normal. Au besoin on peut s'en assurer en instituant un nouveau sondage quatre heures et demie après le repas d'épreuve.

Symptômes généraux. — L'*appétit* est conservé, souvent même exagéré, et le malade mange d'autant plus volontiers que l'ingestion des aliments calme momentanément la douleur. La soif est généralement augmentée, la langue reste nette et humide. La *constipation* est un symptôme habituel des affections gastriques; mais dans la gastrite avec hyperchlorhydrie et plus encore dans l'hypersécrétion chronique cette constipation est opiniâtre et rebelle au traitement. L'acidité de l'urine est souvent faible pendant la période digestive; elle donne fréquemment par le repos un dépôt de phosphates. L'état général reste satisfaisant pendant des mois et des années, parce que les aliments introduits dans l'estomac sont bien élaborés et que les vomissements sont rares. Mais lorsque la maladie n'est pas traitée convenablement, la sécrétion tend à devenir continue, la musculature se fatigue, l'atonie survient, puis la dilatation, et insensiblement on voit se dessiner le tableau morbide de l'hypersécrétion chronique.

Diagnostic. — La forme grave de la maladie avec accès gastralgique violent peut être confondue avec l'ulcère rond. Dans cette dernière affection la douleur est plus précoce, elle apparaît quelques minutes ou immédiatement après l'ingestion des aliments; elle ne se calme pas si bien par l'ingestion des liquides ou du bicarbonate de soude. Elle est souvent en rapport avec certaines attitudes du tronc. Les malades qui éprouvent de violentes douleurs dans le décubitus latéral droit sont soulagés aussitôt qu'ils se couchent sur le côté gauche, ce qui dépend probablement du siège de l'ulcère à la partie pylorique de l'estomac. La douleur à la pression est très vive et très localisée dans l'ulcère; outre le point douloureux épigastrique, là pression éveille une douleur vive dans le point dorsal correspondant. La gastrorragie est le symptôme distinctif par excellence.

Nature de la maladie. — La plupart des auteurs récents considèrent l'hyperchlorhydrie comme une névrose sécrétoire, sans lésion anatomique au début de la maladie. Celle-ci consiste en une irritabilité pathologique de l'appareil nerveux, soit sympathique, soit cérébro-spinal, qui préside au fonctionnement des glandes de l'estomac [1]. A cause de cette excitabilité spéciale, l'arrivée des aliments dans le ventricule provoque une sécrétion trop abondante et surtout trop riche en acide chlorhydrique. A un moment donné, l'acidité du milieu devient irritante pour la muqueuse et alors surviennent les sensations douloureuses. Celles-ci vont en croissant à mesure que le taux de l'acidité totale s'élève. Une fois la digestion finie, la sécrétion s'arrête et tout rentre dans l'ordre.

Dans la classification anatomique de Hayem [2], l'hyperchlorhydrie représente la gastrite parenchymateuse et surtout la gastrite mixte. Hayem remarque en passant que dans cette forme de gastrite l'épithélium est très fragile et tombe facilement.

Il y a certainement un rapport entre l'acidité du suc gastrique et les phénomènes douloureux; à preuve la coïncidence de ceux-ci avec l'acmé de la période digestive, la sédation produite par l'ingestion de liquides qui diluent ou du bicarbonate de soude qui neutralise l'acide. Mais remarquons : 1° que tous les auteurs signalent des cas d'hyperchlorhydrie où l'acidité totale ne dépasse pas la moyenne habituelle et même lui est inférieure; 2° que chez des hyperchlorhydriques que nous avons explorés avant et après guérison nous n'avons pas trouvé une diminution de la sécrétion chlorhydrique; 3° qu'on observe chez les gens bien portants des acidités tout aussi fortes que chez les hyperchlorhydriques, sans que la digestion soit troublée; 4° qu'une solution d'HCl libre à 3 p. 1000 prise par la bouche en notable quantité ou versée directement dans l'estomac par la sonde ne produit ni révolte ni sensation désagréable.

Ces faits nous font croire que chez ces malades il n'y a pas simplement un excès de sécrétion, mais que la muqueuse elle-même est altérée, enflammée ou érodée. La muqueuse dénudée (d'après les observations de Hayem) ne supporte plus le contact d'un liquide acide.

L'acidité habituelle du suc gastrique chez un sujet peut augmenter, comme elle peut diminuer. Rarement, croyons-nous, cette augmentation est produite par le travail inflammatoire ; elle est antérieure à la maladie, et est liée probablement au régime du sujet. La preuve directe de cette interprétation de l'hyperchlorhydrie, nous ne saurions pas la fournir; les autopsies font défaut. En tout cas le traitement institué dans cette direction donne d'excellents résultats.

Pronostic. — L'affection, traitée dès le début, guérit presque toujours. Mais les malades conservent une grande susceptibilité de l'estomac, les récidives sont fréquentes. Abandonnée à elle-même, la maladie s'aggrave lentement et empoisonne la vie du patient.

Traitement. — Il comprend trois indications : 1° calmer l'inflammation de

1. Bouveret, *Maladies de l'estomac*, p. 138.
2. Hayem et Lion, *Maladies de l'estomac, loc. cit.*

l'organe, c'est l'indication causale; 2° combattre les causes qui l'entretiennent; 3° entretenir la liberté du ventre.

1° Calmer l'inflammation. Le premier moyen à employer c'est le repos de l'individu, le repos au lit. Les malades se rebiffent quelquefois; ils ne se sentent pas assez atteints pour garder constamment le lit, ou bien ils allèguent la nécessité de vaquer à leurs occupations. Il ne faut pas transiger. Exposez-leur la gravité de la maladie, sa marche progressive, sa longue durée si elle n'est pas combattue énergiquement, en un mot gagnez la confiance du patient.

Le second moyen propre à combattre l'inflammation c'est la chaleur; une bonne température pour tous les ingesta; mais avant tout la chaleur à l'extérieur, cataplasmes ou enveloppements Priesnitz. Pendant la journée on appliquera de grands cataplasmes sur le ventre fréquemment renouvelés ou rendus imperméables, pendant toute la durée de la période digestive. Pendant la nuit on met un enveloppement Priesnitz chaud. Ces applications calment rapidement les fortes douleurs, mieux que la morphine [1].

2° Combattre les causes qui l'entretiennent. Ces causes sont de deux ordres : les ingesta et l'acidité du suc gastrique.

Les ingesta. Le lait est, de tous les aliments, le moins irritant pour l'estomac comme pour l'intestin. Il est facilement digéré, parce que le ferment Lab ne manque pas. Le régime lacté exclusif pendant une quinzaine de jours ou un mois donne les meilleurs résultats dans le traitement de l'hyperchlorhydrie. Il ne faut pas rationner le malade parce que l'appétit est d'ordinaire très vif, mais il faut donner par petites quantités, soit un quart de litre à la fois.

Après le lait les œufs constituent le meilleur aliment pour les hyperchlorhydriques. La viande est très bien digérée aussi, mais elle provoque un afflux trop considérable d'acide chlorhydrique. On attendra donc quelque temps avant de la permettre et on commencera par une petite quantité de viande hachée, au repas principal. Les amylacés ne doivent pas être proscrits d'une façon absolue. Il faut les donner en petite quantité et éliminer les substances indigestes. Pas de pommes de terre, de légumes, ni de fruits, mais du pain en quantité modérée; pas de condiments, d'épices, de sauces fortes. Chez un homme au lit, trois repas par jour suffisent. Il faut les espacer convenablement pour éviter la subintrance des digestions. Les repas seront petits. C'est après les repas copieux que les douleurs sont les plus violentes et les plus longues.

Comme boisson, l'eau et le lait sont préférables; si le malade tient absolument aux boissons alcooliques, on permettra un peu de bière ou de vin coupé aux repas.

Une seconde cause d'irritation, c'est l'*acidité du suc gastrique.* L'efficacité des *alcalins* est reconnue par tous. Il est inutile de recourir à de fortes

---

1. Nous nous rappellerons toujours d'une jeune personne atteinte d'hyperchlorhydrie et arrivée à un degré extrême de faiblesse. Depuis onze mois, son mal avait résisté à toutes les médications. Un mois de repos au lit, des enveloppements chauds, le régime lacté absolu, un peu de bicarbonate de soude lui ont rendu la santé et les forces.

doses de bicarbonate de soude. Le bicarbonate neutralise l'acide chlorhydrique, mais quand il est en excès, il irrite la muqueuse et provoque une
sécrétion encore plus forte. Le but à atteindre c'est de maintenir l'acidité
du suc gastrique à un taux peu élevé. Pour cela nous conseillons au malade
de prendre une petite quantité de ce sel de demi-heure en demi-heure
ou d'heure en heure, sur la pointe d'un couteau jusqu'à la fin de la digestion.

3° Entretenir la liberté du ventre. L'hyperchlorhydrie s'accompagne
toujours d'une constipation marquée; au palper du ventre les anses intes-
tinales roulent sous le doigt. A rien ne sert de donner un drastique une fois
en passant. Il faut une purgation douce et continue. Les meilleurs luxatifs
sont le sel de Carlsbad artificiel, une demi-cuillerée à café le matin à jeun
dans un verre d'eau chaude; l'eau chaude agit autant que le sel; la poudre de
réglisse composée, les thés purgatifs, les eaux minérales purgatives. Quand
ces moyens sont insuffisants, plutôt que d'irriter l'estomac et l'intestin par
des doses trop fortes, les grands lavements d'eau chaude, une fois tous les
jours.

En résumé, repos au lit, repas peu copieux, bien espacés, du lait, des
œufs, après quelque temps de la viande en quantité modérée, très peu de
pain. Des cataplasmes chauds pendant la période digestive, un enveloppement humide le soir. Du bicarbonate de soude par petites quantités à la
fois et une purgation douce et continue.

L'hypersécrétion chronique. — Le premier cas de cette affection a
été publié en 1882 par Reichmann [1], qui lui donna le nom de gastrosucchorée (Magensaftfluss). Deux ans plus tard, il fit connaître un second
cas. Depuis lors les observations se sont multipliées, mais la plupart appar-
tiennent en réalité à l'hyperchlorhydrie simple; il faut que la sonde
ramène au moins 50 centimètres cubes de suc gastrique le matin après
lavage préalable au soir, pour qu'on puisse parler d'hypersécrétion.

ÉTIOLOGIE. — L'hypersécrétion chronique, sans être fréquente, n'est
cependant pas rare. Nous en avons observé quatre cas en une année. Les
causes sont les mêmes que celles de l'hyperchlorhydrie : les préoccupations continuelles, le travail intellectuel excessif, le surmenage corporel,
l'usage des mets excitants ou de mauvaise qualité. Souvent, comme le
dit Bouveret, ces causes sont réunies chez le même sujet. « L'homme que
préoccupent des affaires difficiles mange vite, mâche mal, choisit mal ses
aliments et cherche volontiers à stimuler son estomac et son cerveau. »

SYMPTOMES. — Le début de l'affection remonte à des mois et des années.
Ce sont d'abord des malaises après le repas, puis de vraies douleurs, accès
gastralgiques souvent terminés par un vomisssèment copieux.

La maladie franchement établie présente un tableau symptomatique des
plus caractéristiques.

La *douleur* se déclare par accès paroxystiques pendant la période digestive. Seulement sa périodicité n'est pas toujours si bien accusée. Le malade

---

1. Reichmann, *Berl. klin. Wochenschrift*, 1882, p. 606.

éprouve quelquefois une douleur continue avec exacerbations vives après le repas. C'est particulièrement après le repas du soir qu'on observe les accès violents. Les malades se tordent dans leur lit de douleur, pendant une, deux heures et davantage ; ce n'est que fort tard dans la nuit que le repos leur vient.

Le *vomissement* est très fréquent dans l'hypersécrétion ; il termine d'ordinaire la crise gastralgique. De là l'habitude que prennent beaucoup de malades de se faire vomir. Presque tous les malades passent par cette période de vomissements journaliers. Un traitement approprié les fait cesser rapidement. Mais parfois il se déclare une véritable intolérance ; le malade vomit tout ce qu'il prend, la douleur est excessive, les forces faiblissent ; il y a menace d'inanition. Après quelques jours, deux ou trois semaines au plus, ces symptômes aigus se calment et la maladie reprend son cours habituel.

L'*appétit* est ordinairement exagéré ; la sensation de la faim se renouvelle plus souvent qu'à l'état normal. Elle est particulièrement vive vers le milieu de la nuit et s'accompagne alors d'une sensation de défaillance, de malaise indéfinissable. La *soif* est augmentée et les malades la satisfont d'autant plus volontiers que l'ingestion du liquide calme momentanément la douleur. La langue est nette. La *constipation* est habituelle ; d'ordinaire elle est très marquée et rebelle au traitement.

La quantité d'*urine* émise en vingt-quatre heures est notablement réduite. Enfin Riegel a signalé comme un symptôme ordinaire de l'hypersécrétion la *lenteur du pouls*.

SYMPTOMES OBJECTIFS. — Le ventre est rétracté ; les intestins sont durs, on les sent rouler sous le doigt à travers la paroi abdominale. L'estomac est toujours *dilaté*. C'est dans l'hypersécrétion chronique qu'on rencontre les plus grandes dilatations ; quelquefois la grande courbure descend jusqu'au pubis. Lorsque la dilatation n'est pas encore très prononcée, on remarque souvent, au niveau de l'estomac, des contractions péristaltiques régulières qui soulèvent la paroi abdominale. L'estomac est *sensible à la pression*, soit dans la plus grande partie de son étendue, soit dans la région pylorique seule.

EXPLORATION AVEC LA SONDE. — Le cathétérisme révèle ici un symptôme pathognomonique : la continuité de la sécrétion. Le sondage à jeun ramène toujours une quantité notable de liquide. Ce liquide est toujours acide et donne une réaction franche d'HCl ; l'acidité totale varie notablement d'un jour à l'autre, ce qui n'a pas d'importance. La quantité varie de 80 grammes à plusieurs litres. Chez un de nos malades la sonde évacuait tous les matins deux litres et au delà. Quand le liquide est transparent, dépourvu de résidus alimentaires, la quantité est peu abondante et le pronostic favorable ; la motilité n'est pas trop atteinte, l'estomac se vide dans l'intervalle des repas. C'est l'hypersécrétion débutante. Mais le plus souvent la sonde ramène une bouillie trouble comme après le repas d'épreuve. Par le repos les résidus alimentaires tombent au fond. Au microscope on y découvre des fibres musculaires, des cellules végétales, des grains de fécule, de la graisse, des micro-organismes, surtout des sarcines et quelques levures. Ces cas sont les plus graves : l'hypersécrétion s'accompagne de rétention gastrique.

Lorsqu'on veut se faire une idée de l'intensité de l'hypersécrétion, il est nécessaire de faire une seconde exploration. Le soir on lave l'estomac jusqu'à ce que l'eau de lavage revienne claire, le sujet ne prend plus aucune nourriture ni aucune boisson; le matin on introduit la sonde. Si le sujet est atteint d'hypersécrétion, on retire une quantité de suc gastrique qui peut atteindre un demi-litre.

Deux heures après le repas d'épreuve de G. Séc, la bouillie stomacale reflue facilement; elle filtre très rapidement. L'acidité totale du liquide filtré est en général assez élevée et toujours on peut y constater la présence de HCl libre. Le résidu resté sur le filtre est composé en grande partie de pain; la viande y est en moindre quantité, Au microscope on découvre surtout des résidus de matières amylacées, des fibres musculaires en pleine digestion et des sarcines. Ces organismes sont d'ordinaire très abondants.

L'état général. — Les malades maigrissent, le tissu adipeux sous-cutané disparaît, la musculature s'affaiblit, les forces déclinent. Les traits du visage sont tirés par la douleur et les insomnies. Le teint devient terreux, quelquefois même cachectique. Cependant l'anémie n'est pas en rapport avec l'amaigrissement; les muqueuses conservent leur coloration rosée. Cet ensemble de symptômes donne au sujet un facies spécial qui le fait reconnaître immédiatement et qui permet aussi de ne pas le confondre avec la cachexie cancéreuse.

La plupart traînent leur affection pendant des années, incapables de se livrer à des occupations continues. Il survient souvent des périodes de rémission pendant lesquelles la douleur se calme. Le malade reprend l'espoir de la guérison. Mais les accalmies sont transitoires, l'état général ne s'améliore pas; finalement ils succombent aux progrès de la dénutrition.

Nature de la maladie. — Reichmann [1] envisage la gastrosucchorée comme un symptôme qui se rencontre dans différentes conditions et se montre tantôt d'une façon passagère, tantôt d'une façon continue : dans le premier cas elle relève d'un trouble ou d'une maladie du système nerveux, dans le second cas elle doit être attribuée à des lésions graves de l'estomac. Von den Velden [2], Korezinski et Jaworski [3] partagent cet avis. Ces derniers ont pu examiner quelquefois les altérations de la muqueuse au microscope. Ils ont constaté la disparition des cellules principales des tubes glandulaires, ceux-ci étant constitués exclusivement par des cellules de recouvrement; en même temps le tissu conjonctif interstitiel était le siège d'une prolifération plus ou moins active.

Bouveret [4] considère ces lésions comme secondaires, l'hypersécrétion constitue une entité morbide; c'est une névrose sécrétoire de même nature que l'hyperchlorhydrie, qui dépend, comme celle-ci, d'un trouble fonc-

1. Reichmann, *loc. cit.*
2. Von den Velden, *Volckmann's Samlung Klin. Vorträge*, n° 280.
3. Korezinski et Jaworcki, *Deutsch Archiv f. Kl. Medicine*, 1891.
4. Bouveret, *loc. cit.*, p. 210.

tionnel des centres sympathiques ou cérébro-spinaux qui règlent la sécrétion de l'estomac. Au bout de quelque temps l'irritation produite par l'HCl, qui est constamment en contact avec la muqueuse, entraîne des altérations diverses dans la muqueuse et dans les tuniques sous-jacentes.

Hayem [1] conteste l'existence même de la gastrosucchorée; la présence de liquides résiduels dans l'estomac est un symptôme certain de sténose pylorique. Cette opinion ne nous paraît pas acceptable.

Il est probable que l'hyperchlorhydrie et l'hypersécrétion chronique sont deux stades d'un même processus morbide. Dans la première la sécrétion conserve la forme intermittente qu'elle a à l'état normal; à jeun l'estomac est vide ou à peu près; dans la gastrosucchorée, la sécrétion a perdu l'allure périodique de l'état normal; elle a lieu à jeun comme pendant la période digestive. Mais les limites entre les deux affections ne sont pas nettement tracées. Il y a des formes intermédiaires dans lesquelles la sonde ramène, à jeun, 50, 100, 120 centimètres cubes d'un liquide transparent, franchement acide, sans résidu alimentaire, l'estomac n'est guère dilaté, l'état général se maintient assez bien. En outre, quand on étudie soigneusement l'histoire des hypersécréteurs, on trouve une période initiale qui correspond au tableau morbide de l'hyperchlorhydrie.

TRAITEMENT. — L'indication causale est de combattre le flux sécrétoire et de lui rendre son allure intermittente. Ni l'atropine, ni les lavages au nitrate d'argent dilué de Reichmann n'ont donné de résultats. Le lavage à l'eau tiède constitue encore le meilleur moyen pour modérer l'activité anormale de l'appareil glandulaire. Il est bon d'y dissoudre quelques grammes de bicarbonate de soude parce que les alcalins tuent les sarcines qui existent toujours en grande quantité dans l'estomac des hypersécréteurs. Un lavage par jour suffit. Répété trop souvent, il a l'inconvénient de ramener les aliments dont une partie au moins serait absorbée et de contribuer ainsi au dépérissement de l'individu.

Le moment où on le pratique importe peu. Nous préférons laver l'estomac immédiatement avant le repas du soir, parce que les vives douleurs de la nuit s'en trouvent notablement mitigées. Au bout de quelques jours, les malades se lavent eux-mêmes. On peut sans inconvénient faire une séance tous les jours pendant un mois; si l'on constate une amélioration, on peut interrompre pendant quelque temps ou espacer les lavages de deux en deux jours.

Combiné avec les mesures diététiques, le lavage de l'estomac soulage beaucoup les malades. La douleur se calme, l'atonie motrice disparaît, l'estomac se vide mieux et l'état général s'améliore. Remplit-il aussi l'indication causale? Nous avons vu, sous l'influence d'un traitement bien conduit, la quantité de liquide retiré le matin à jeun, diminuer dans des proportions notables et le résidu solide disparaître en grande partie. Il est vrai que cette diminution peut être imputée aussi bien au relèvement de la motricité qu'au ralentissement de la sécrétion.

---

1. Hayem, *loc. cit.*

Pour le reste le traitement est celui de l'hyperchlorhydrie dans toute sa rigueur. Le repos au lit est bien accepté par le malade parce qu'il se sent brisé et épuisé. Les cataplasmes et les enveloppements humides calment les sensations douloureuses et stimulent la motilité.

Quant au choix des aliments, faisons remarquer que les amylacés sont peu ou point digérés. Les grains de fécule, les cellules végétales de pommes de terre et des différents légumes constituent la plus grande partie des résidus alimentaires qu'on retire au matin de l'estomac. Il est indiqué de réduire leur quantité au strict nécessaire et de les ingérer dans les conditions les plus favorables, c'est-à-dire au repas qui précède ou à celui qui suit le lavage de l'estomac. Dans le premier cas, les résidus ne restent pas trop longtemps dans l'estomac; dans le second, ils sont mieux digérés, surtout si on donne en même temps ou quelque temps après du bicarbonate de soude.

La constipation sera combattue par les grands lavements d'eau tiède. Ces lavements sont à la fois évacuants et désaltérants; une partie de l'eau est absorbée par la muqueuse intestinale pour compenser le défaut d'absorption de l'estomac.

Les formes avancées de la maladie sont justiciables de l'intervention chirurgicale. Lorsque l'estomac est fortement dilaté, son évacuation dans l'intestin devient de plus en plus difficile par suite de la déformation même de l'organe. Le pylore et le duodénum sont fixés en haut, tandis que le corps de l'estomac descend de plus en plus. Il se forme ainsi au niveau du pylore un angle aigu qui oppose un obstacle mécanique au passage du chyme. La voie naturelle étant rétrécie, il faut en créer une nouvelle. Nous avons assisté à une gastro-entérostomie pour hypersécrétion avec dilatation très marquée; l'opération eut plein succès; les symptômes pénibles de la période digestive se calmèrent peu à peu et le malade reprit rapidement ses forces. L'hypersécrétion, avec douleurs vives, rétention gastrique et amaigrissement progressif, constitue une des meilleures indications de la gastro-entérostomie. L'opération aseptiquement conduite n'est guère plus grave qu'une laparotomie exploratrice et les résultats sont brillants et durables.

L'hypersécrétion intermittente. — C'est une affection protopathique; elle est excessivement rare. Presque toujours elle est liée au tabes déclaré ou latent. La maladie est caractérisée par des vomissements périodiques. Le malade rejette d'abord les aliments qui séjournent encore dans l'estomac, puis du suc gastrique presque pur, toujours franchement acide et souvent coloré en jaune ou en vert par la bile. En même temps le malade éprouve une douleur plus ou moins vive à l'épigastre, qui s'irradie dans le dos et dans les derniers espaces intercostaux. La fréquence des accès est fort variable; il survient un accès tous les dix jours, tous les mois, deux fois par an; plus la maladie est ancienne, plus les paroxysmes ont de la tendance à se rapprocher. Ces accès durent un ou deux jours, quelquefois davantage; puis les vomissements cessent, la douleur disparaît, le sujet est de nouveau bien portant.

Traitement. — Purement symptomatique : calmer la douleur, le vomissement et la soif qui est très vive. La douleur et le vomissement cèdent le mieux à la morphine en injection sous-cutanée. La soif sera combattue par de petits fragments de glace à l'intérieur et des lavements désaltérants; boire beaucoup augmente les vomissements.

La dyspepsie nerveuse. — A la dyspepsie nerveuse on peut rapporter les névroses si variées de l'estomac, telles que le vomissement nerveux, la cardialgie, le mérycisme, l'agitation péristaltique de Küssmaul; mais Leube [1] a réservé ce nom à un état dyspeptique particulier qui se rencontre avec une certaine fréquence et qui mérite une description spéciale.

Étiologie. — La dyspepsie nerveuse de Leube est l'apanage exclusif de la neurasthénie. Aussi conviendrait-il de l'appeler avec Ewald : dyspepsie neurasthénique. Souvent elle constitue la première manifestation de la neurasthésie. Les passions dépressives, le chagrin, les soucis, la préoccupation des affaires, le surmenage du corps et de l'esprit, chez les jeunes sujets, les excès vénériens, l'onanisme, la spermatorrhée, telles sont les causes occasionnelles qui, agissant sur un fond névropathique, engendrent la dyspepsie nerveuse.

Symptomatologie. — Il y a trois ordres de symptômes : les symptômes gastro-intestinaux, les symptômes généraux, les symptômes de la neurasthénie.

I. *Symptômes gastro-intestinaux.* — L'*appétit* est diminué, souvent il y a anorexie complète. Cette anorexie n'est pas permanente. Parvient-on à arracher le malade à ses chagrins, à ses préoccupations, l'appétit renaît; une émotion, un chagrin lui coupe de nouveau l'appétit.

Du côté de l'estomac, les symptômes sont ceux de la gastrite chronique. Rarement le malade se plaint d'une douleur aiguë, mais il éprouve un *sentiment de gêne*, de pesanteur à l'épigastre, accompagné d'oppression précordiale et de palpitations. Souvent ces malaises surviennent déjà tout de suite après l'ingestion des repas et durent pendant toute la période digestive. En même temps se manifestent une lassitude générale, de la torpeur intellectuelle, de la somnolence. La *constipation* est la règle, elle devient de plus en plus rebelle aux moyens habituels à mesure que la maladie dure plus longtemps.

Symptomes objectifs. — Le ventre est météorisé; l'épigastre n'est pas sensible à la pression; très fréquemment on constate du clapotement pendant toute la durée de la période digestive. Ce clapotement n'est pas un signe certain de dilatation; au début il s'agit plutôt d'atonie motrice qui se transforme insensiblement en dilatation.

Le cathétérisme, sans révéler des symptômes pathognomoniques, est cependant très utile; l'acidité totale peut être élevée mais le plus souvent il y a hypo, et parfois achlorhydrie. Une très faible acidité du suc gastrique,

---

1. Leube, *Deutsch Archiv f. Klin. Médec.*, Bd XXIII.

l'absence de mucus qui prédomine dans la gastrite chronique simple, l'évacuation de l'estomac dans le temps normal sont des présomptions en faveur de la dyspepsie nerveuse.

II. L'état général, dans les formes bénignes, ne souffre pas trop; mais dans les formes graves, il survient une dénutrition rapide qui n'est pas en rapport avec les troubles gastro-intestinaux; en quelques semaines les malades maigrissent de plusieurs kilogrammes. Cette dénutrition peut avoir une issue fatale; mais ordinairement elle s'arrête au bout de quelque temps et alors l'état général reste stationnaire.

III. La dyspepsie nerveuse peut être accompagnée des symptômes de la neurasthénie cérébrale et spinale dont les plus importants sont la céphalalgie, l'insomnie, la rachialgie, les paresthésies dans les membres (douleurs, sentiment de froid, d'engourdissement). La constatation de ces symptômes est d'une importance capitale au point de vue du diagnostic. Mais, comme nous l'avons déjà dit, fréquemment la dyspepsie nerveuse constitue la première manifestation de la neurasthénie.

DIAGNOSTIC. — Lorsque les stigmates de la neurasthénie font défaut il ne faut pas trop se hâter de conclure à la dyspepsie nerveuse. Au premier abord on pense à un catarrhe chronique. Le commémoratif (contrariétés, chagrins, excès vénériens), l'état psychique actuel (abattement, découragement, préoccupation vive de la santé), la faible acidité du suc gastrique et l'absence de mucus, l'inefficacité du traitement diététique, tels sont les principaux éléments du diagnostic.

Lorsque la dyspepsie nerveuse s'accompagne d'une dénutrition rapide, elle est prise souvent pour un cancer latent, d'autant plus que l'hypo et l'achlorhydrie s'y observent fréquemment. La durée déjà longue du mal, l'absence des symptômes cardinaux du cancer : tumeur, vomissements marc de café, la conservation de la coloration rosée des muqueuses malgré l'amaigrissement, l'existence de certains stigmates neurasthéniques feront songer à la dyspepsie nerveuse.

TRAITEMENT. — Le traitement local seul ne conduit à rien. Ni les prescriptions diététiques, ni les médicaments, ni le lavage de l'estomac ne produisent une amélioration chez les dyspeptiques nerveux. C'est contre l'état général, contre la neurasthénie que le traitement doit être dirigé.

Éloigner les causes qui entretiennent la dépression morale du malade, fortifier le système nerveux par tous les moyens que l'on a à sa disposition, vie réglée, régime alimentaire tonique, travail modéré, gymnastique, hydro- et électrothérapie, telles sont les deux indications primordiales du traitement. Le médecin doit en quelque sorte s'emparer de son malade, pénétrer le secret de ses soucis et de ses préoccupations et surtout lui inspirer une confiance absolue. On l'a dit avec raison, la guérison de la neurasthénie dépend non de la médecine mais du médecin. Simultanément, on combattra les troubles digestifs comme s'il s'agissait d'une gastrite chronique simple.

III

TECHNIQUE DE L'EXAMEN DE L'ESTOMAC

L'examen complet d'un malade souffrant de l'estomac comporte : 1° l'interrogatoire; 2° l'inspection; 3° la percussion; 4° la palpation; 5° le cathétérisme. Il faut toujours procéder dans cet ordre. Généralement, cependant, avant de percuter nous faisions une palpation générale du ventre pour nous orienter un peu [1].

1° **L'interrogatoire du malade** est de la plus haute importance. C'est par lui qu'il faut commencer l'examen parce qu'il sert de guide dans la recherche des signes objectifs. Il porte sur l'histoire de la famille, sur les antécédents personnels, sur le début et l'évolution de la maladie, sur l'état actuel du sujet.

Les malades intelligents exposent quelquefois leur histoire avec beaucoup de netteté, mais la plupart ne donnent que des renseignements vagues et s'étendent plutôt à perte de vue sur les nombreuses médications qu'ils ont déjà suivies. Le médecin doit alors guider les malades dans l'exposé de leur affection, mais, point important, il doit interroger sans idée préconçue et éviter de dicter la réponse au malade.

2° **Inspection.** — Certains auteurs n'accordent plus guère d'importance à l'état de la langue dans les états dyspeptiques; une langue chargée serait tout bonnement l'indice d'un défaut de propreté de la bouche. Il en est souvent ainsi, mais ceux qui souffrent de catarrhe chronique, ont beau se nettoyer la bouche, la langue est habituellement saburrale. Il faut inspecter les dents; des dents cariées rendent la mastication insuffisante et sont souvent cause de mauvaises digestions.

L'inspection de l'abdomen et en particulier de la région épigastrique souvent ne révèle rien de particulier; d'autres fois on découvre des symptômes plus ou moins importants : la distension de l'estomac qui se dessine à travers la paroi abdominale, des contractions visibles de cet organe, etc.

3° **La percussion.** — La percussion de l'estomac produit dans certaines conditions un son tympanique spécial qui se différencie de la sonorité pulmonaire et du son intestinal. Cette sonorité varie suivant la réplétion de l'organe et suivant la nature de son contenu. Lorsqu'elle ne se distingue pas de la sonorité intestinale on peut la produire artificiellement par différents procédés. Le plus simple c'est le mélange effervescent produit par le bicarbonate de soude et l'acide tartrique. On fait d'abord avaler 5 grammes de bicarbonate de soude dissous dans un peu d'eau, souvent la seule ingestion du bicarbonate dilate l'estomac et fait reconnaître les limites. Si cela ne suffit pas, on donne immédiatement après quatre grammes d'acide tartrique [2].

4° **Le palper.** — En appliquant la paume de la main sur l'abdomen on parvient, avec un peu d'habitude, à saisir les limites d'un estomac normal distendu par les aliments. A l'état pathologique le palper fournit toute une série de symptômes importants.

a. Le clapotement. — Pour le constater, on applique les quatre doigts réunis sur la peau et on leur imprime de petites secousses brusques et répétées. On le produit aussi en saisissant le malade par les flancs et en lui imprimant des

---

1. Pour les affections de l'estomac, comme du reste pour toutes les maladies, il ne faut jamais négliger d'examiner l'individu tout entier. Bien souvent une affection prétendûment idiopathique de l'estomac et traitée comme telle, s'est révélée après un examen sérieux comme dépendant d'une maladie du système nerveux ou d'une néphrite chronique.

2. Si l'on veut explorer dans la même séance le chimisme stomacal, il faut opérer la dilatation de l'estomac après le cathétérisme.

mouvements rapides de latéralité. On l'appelle ordinairement dans ce dernier cas *bruit de succussion*. Le clapotement peut se constater même à l'état normal, immédiatement après l'ingestion des aliments, mais on ne le détermine alors que sur une petite étendue dans l'angle épigastrique. Quand on le constate deux heures après le repas, ou bien quand on peut le produire en dessous des limites normales de l'estomac, il constitue un symptôme caractéristique, soit de l'atonie des parois musculaires, soit de la dilatation. Dans les cas de dilatation notable, le clapotement se produit dans toute l'étendue de l'estomac et permet d'en tracer les limites avec beaucoup d'exactitude.

b. Dans les affections douloureuses, le palper renseigne sur la *sensibilité à la pression*. Tantôt il s'agit d'une sensibilité diffuse qui n'a rien de caractéristique; d'autres fois la pression éveille une douleur vive en un point limité. Celle-ci dépend d'affections bien déterminées. Il importe de délimiter exactement la région douloureuse parce que l'étendue de celle-ci est d'ordinaire en rapport avec l'étendue de la partie malade.

c. Enfin le palper nous permet de saisir des *tumeurs* ou des indurations qui échappent à tous les autres moyens d'investigation. Il nous renseigne sur le siège et l'étendue de la tuméfaction, sur sa surface, sa délimitation nette ou diffuse, sa sensibilité et sa mobilité. C'est dans la région du pylore que les recherches doivent se faire. Les tumeurs du cardia échappent à la palpation.

Le cathétérisme de l'estomac. — Pour le sondage on se sert de la sonde d'Ewald; pour le lavage on emploie le tube de Faucher; ces instruments sont suffisamment connus pour que nous puissions nous dispenser de les décrire. Il y en a de différents calibres. Le plus recommandable est le n° 10, c'est-à-dire la sonde qui a dix millimètres de diamètre extérieur. Après chaque opération on la nettoie à grande eau et on la laisse sécher à l'air libre. Chez les syphilitiques et les tuberculeux, il faut employer une sonde spéciale, sinon il faut recourir à une antisepsie rigoureuse et laisser l'instrument, après l'opération, dans une solution antiseptique, par exemple l'acide borique à 5 p. 1000 pendant plusieurs heures. Il convient d'agir de même pour ceux qui sont atteints de cancer.

La technique est fort simple. On commence par décrire au malade la petite opération qu'il va subir; on lui explique comment il doit faire et on le prévient qu'il n'y a pas de danger d'asphyxie malgré la sensation de constriction à la gorge qu'il éprouve. Le sujet est assis, la tête *légèrement* relevée. On lui applique deux doigts de la main gauche sur la langue et, sous ces doigts, on fait cheminer la sonde préalablement un peu humectée de glycérine. Chez les sujets qui n'ont pas beaucoup de réflexe nauséeux, il n'est pas nécessaire d'introduire deux doigts dans la bouche, on pousse directement la sonde jusqu'au fond du pharynx. La sonde se recourbe d'elle-même contre la paroi postérieure et arrive à l'entrée de l'œsophage. C'est ici le moment le plus pénible. Souvent l'œsophage se contracte spasmodiquement, la respiration est coupée, et le patient d'un mouvement brusque retire la sonde. C'est pour cela qu'il faut le prévenir et à ce moment l'engager à faire des mouvements de déglutition profonds, comme s'il devait avaler un corps dur. Une fois cet obstacle franchi la sonde glisse facilement jusque dans l'estomac.

Jusqu'où faut-il faire pénétrer la sonde? Le tube de Faucher porte un trait noir qui doit correspondre à l'entrée de la bouche; les sondes d'Ewald ne portent pas d'indication. De l'arcade dentaire inférieure au cardia il y a 40 centimètres. On introduira donc la sonde à une profondeur de 40 à 50 centimètres environ, suivant la taille de l'individu.

Lorsque la sonde a pénétré dans l'estomac, il arrive que les efforts de vomissement fassent refluer le liquide gastrique. Quand il ne reflue pas spontanément nous invitons le malade à se lever, à produire une contraction énergique et soutenue de la paroi abdominale comme pour vomir. Presque toujours nous obtenons de cette façon du liquide en quantité suffisante. Cela vaut mieux que de faire tousser le malade. Dans certains cas d'atonie ou de dilatation de l'estomac et chez les femmes à parois abdominales flasques, le procédé échoue. On peut alors recourir à l'appareil de Potain. La sonde est adaptée à un flacon à deux tubulures par l'intermédiaire d'un tube de verre de même calibre intérieur que la lumière de la sonde (pour qu'il ne se produise pas d'obstruction) et d'un tube de caoutchouc de 50 centimètres de longueur. L'autre tubulure est raccordée à l'appareil de Potain. En manœuvrant la pompe aspirante on fait un vide relatif dans le flacon et on y aspire le contenu stomacal. L'affaissement des parois des tubes de caoutchouc marque le moment précis où il est nécessaire de ne pas pousser le vide plus loin.

Personnellement nous n'avons jamais eu recours à ce procédé qui est incommode et fatigant pour le patient. Un procédé plus simple est celui conseillé par Frémont et Ewald. On adapte à la sonde une poire en caoutchouc qui se prolonge en un tube muni d'une pince à pression. En comprimant la poire et en fermant la pince il se produit, au moment où la poire se détend, un vide qui aspire le contenu de l'estomac. En ouvrant la pince et en comprimant la sonde, le liquide s'écoule dans le récipient.

L'introduction du tube de Faucher pour le lavage de l'estomac se fait de la même façon. On le pousse jusqu'au moment où le trait noir se trouve au niveau de l'arcade dentaire inférieure. A l'extrémité libre on adapte un grand entonnoir en verre. L'eau dont on se sert doit être tiède. On peut y incorporer du bicarbonate de soude ou un autre médicament. On verse environ un demilitre d'eau dans l'entonnoir et on l'élève un peu au-dessus de la tête du patient. Au moment où l'estomac est presque vide on l'abaisse rapidement en dessous du niveau de l'estomac. De cette façon le tube constitue un siphon amorcé dont la grande branche est au dehors et le liquide introduit dans l'estomac reflue. On répète la même opération cinq, six fois et même davantage jusqu'à ce que l'eau du lavage revienne claire.

Les difficultés du cathétérisme. — 1° Le réflexe nauséeux est trop prononcé, le malade se retire ou retire la sonde. On peut dans ce cas badigeonner le pharynx avec une solution de cocaïne à 5 p. 1000. On y a rarement recours. Avec un peu d'insistance le réflexe est vaincu. Nous avons cru remarquer que le réflexe nauséeux est peu prononcé chez les malades qui souffrent de l'estomac; la plupart se laissent sonder avec une grande facilité.

2° Il nous est arrivé un jour, après un lavage de l'estomac, de ne plus pouvoir retirer le tube de Faucher, qui était retenu par un spasme de l'œsophage. Nous avons fait boire le malade à petits coups et pendant les mouvements de déglutition la sonde glissait.

3° La sonde est obstruée. Cela arrive surtout lorsqu'on pratique le cathétérisme trop vite après le repas d'épreuve, et lorsque le repas comprend beaucoup de viande. Il faut alors retirer la sonde, la déboucher et recommencer.

4° Malgré les efforts du malade le chyme ne reflue pas. Il faut alors faire voyager la sonde, la retirer ou l'enfoncer plus loin d'un ou de deux centimètres. Si cela ne donne pas encore de résultat et qu'on n'aime pas de recourir à l'appareil de Potain, on fait faire un dernier effort au malade pendant lequel l'opérateur pince la sonde entre deux doigts. Il la retire alors et ouvrant les doigts il laisse la sonde déverser son contenu dans un verre à expérience. Presque toujours on a encore assez de liquide pour un premier examen.

ACCIDENTS. — 1° La pénétration de la sonde dans le larynx est tout à fait exceptionnelle et se manifeste aussitôt par une vive angoisse respiratoire et de la cyanose. Pour éviter sûrement la fausse route, on fait prononcer au malade une syllabe à haute voix, pendant qu'on pousse la sonde dans l'œsophage.

2° La muqueuse peut être pincée dans les orifices de la sonde, et des lambeaux être arrachés. Depuis que l'on a abandonné l'emploi de sondes rigides, cela n'arrive plus.

3° Des accidents plus à redouter sont la gastrorrhagie et la perforation de l'estomac.

CONTRE-INDICATIONS. — Le cancer et l'ulcère ne sont pas des contre-indications absolues au cathétérisme. Il est vrai que la littérature médicale renferme des cas d'hémorragie grave et de perforation de la paroi gastrique à la suite du sondage et du lavage chez des malades atteints de cancer et surtout d'ulcère. Ces accidents, très rares d'ailleurs, sont devenus, grâce à la sonde molle, tout à fait exceptionnels. Si l'ulcère a donné lieu à des hémorragies récentes, l'abstention est à conseiller. Le cathétérisme est au contraire très utile dans le cancer de l'estomac, où il peut poser le diagnostic.

4° Lorsqu'il y a des symptômes de rétrécissement du cardia ou de l'œsophage, il faut agir avec prudence. Les commémoratifs, l'exploration extérieure s'il y a lieu, l'auscultation du cœur et des gros vaisseaux (anévrisme) indiqueront s'il y a lieu de pratiquer le sondage; en tout cas, que l'on introduise la sonde ou la bougie à olive, agir lentement et modérément et ne pas vouloir à tout prix forcer le passage.

UTILITÉ. — Le cathétérisme permet : 1° d'explorer la perméabilité de l'œsophage et du cardia; 2° d'extraire le liquide de l'estomac en vue de le soumettre à l'analyse; 3° d'étudier la fonction motrice de l'estomac. C'est le second point qui va nous occuper particulièrement.

L'exploration de l'estomac se fait à jeun ou après un repas dit d'épreuve : à jeun pour constater si l'estomac est vide; pendant le repas, pour voir comment se fait la digestion.

REPAS D'ÉPREUVE. — On a préconisé un grand nombre de repas d'épreuve. Tous ont leurs avantages. Aucun ne convient pour tous les cas. Nous préférons le repas de Germain Sée, soit 60 grammes de viande et 100 grammes de pain avec un verre d'eau. Si la viande n'est pas hachée, il faut recommander au patient de manger lentement et de bien mâcher, sinon la sonde s'obstrue et il faut pratiquer deux sondages où un seul peut suffire.

L'extraction doit être faite deux heures et demie après le commencement du repas. C'est le moment le plus avantageux. La digestion est en pleine activité, l'acidité est à son apogée. Pas n'est besoin de vider l'estomac; 20 à 30 centimètres cubes suffisent à toutes les recherches.

EXAMEN DU CHYME A L'ŒIL NU ET AU MICROSCOPE. — Le chyme est-il épais, la viande en gros morceaux, la digestion est lente et on trouvera souvent, à l'analyse du liquide filtré, une acidité relativement faible. Le chyme est-il fluide, aqueux, finement mélangé, la viande peu abondante, en petites parcelles, on peut conclure à une digestion active et à une sécrétion abondante du suc gastrique.

L'odeur a aussi son importance. Si l'estomac digère bien, l'odeur du repas de G. Sée est celle de la viande; quand il se produit des fermentations anormales, le suc gastrique exhale souvent une odeur de beurre rance (acide butyrique).

Pendant qu'on met le liquide à filtrer, on en examine une partie sous le microscope. L'attention se porte d'abord sur les modifications subies par les *substances alimentaires*. Les *grains de fécule* se présentent sous forme de corpuscules ovalaires, de différentes grandeurs, marqués de lignes concentriques très régulières. Ils sont d'autant plus rares que la sécrétion chlorhydrique est moins active. Les *fibres musculaires* se reconnaissent facilement à leur striation transversale, à leur forme allongée et leur aspect jaunâtre; par suite de la digestion la striation disparaît, la fibre pâlit, se rompt en petits fragments de plus en plus ténus dont il devient difficile de reconnaître l'origine. La *graisse* se présente sous forme de gouttelettes plus ou moins fines, à contours noirs très réfringents.

En même temps on examine les *éléments anormaux* qui se trouvent dans le chyme. Ces éléments sont la bile, le sang, des fragments de tissu, des microorganismes.

La *bile* se rencontre fréquemment à jeun, même à l'état normal, rarement pendant la digestion. On la recherche dans le liquide filtré par la *réaction de Gmélin* : A quelques centimètres cubes de liquide on ajoute quelques gouttes d'acide nitrosonitrique (c'est de l'HNO_3 qui a été exposé à la lumière pendant quelque temps et qui a pris une couleur jaunâtre). L'acide tombe au fond du tube d'essai. Au point de contact des deux liquides se développent des anneaux de teinte différente qui se superposent : vert, bleu, violet, rouge, jaune. Ordinairement le bleu seul est bien accusé parce que la quantité de bile n'est pas assez considérable. On peut aussi faire la *réaction de Pettenkofer* : le liquide bilieux, additionné de quelques gouttes d'une solution de sucre et d'un excès d'acide sulfurique concentré, donne une coloration pourpre très intense.

Le *sang* se rencontre plus rarement dans le liquide du sondage que dans les matières vomies. Quand l'hémorragie est récente, le sang se reconnaît à la couleur rouge qu'il communique au liquide gastrique. S'il séjourne quelque temps dans l'estomac avant d'être rejeté, sa couleur se modifie sous l'action des acides du suc gastrique; il devient brun foncé, marc de café. A ce stade on ne trouve plus de globules rouges sous le microscope, mais on reconnaît l'origine de la matière colorante *par la réaction de l'hémine*. On prend un peu de la matière brune suspecte, on la dépose sur un verre porte-objet. On sèche la préparation en la tenant quelques instants au-dessus de la flamme. On y ajoute alors une trace de NaCl et une goutte d'acide acétique glaciale et on met un petit verre couvre-objet. On chauffe avec précaution jusqu'à ce que l'acide soit entièrement évaporé. Les cristaux d'hémine se reconnaissent à leur couleur qui varie du rouge brun au café clair et à leur forme rhomboédrique. Souvent ils sont entre-croisés au nombre de deux ou davantage.

Des fragments de tissu. — On a rencontré quelquefois dans les matières vomies des lambeaux de tissu néoplasique détachés d'un cancer ulcéré. Quand leur nature est bien reconnue, ils constituent un symptôme pathognomonique.

Des organismes inférieurs. — Les plus communs sont les *sarcines* qui ont un aspect absolument caractéristique. Elles se présentent sous forme de cubes plus ou moins considérables parfaitement réguliers présentant sur leurs faces des stries perpendiculaires entre elles. On ne saurait mieux les comparer qu'à des ballots de soie étranglés de distance en distance par des cordes.

Les *levures* se reconnaissent à leur forme ovalaire, à leurs contours réguliers, à leur mode de développement par bourgeonnement; souvent on voit un bourgeon accolé à la cellule mère. Il y en a de différentes espèces qui sont encore mal déterminées; comme les sarcines, elles se rencontrent surtout dans les cas de rétention gastrique.

Enfin on peut trouver des *bacilles* dont quelques-uns sont connus, notamment le bacillus butyricus, qui est l'agent principal de la fermentation butyrique. Il se présente sous forme de longs bâtonnets qui souvent forment de grands filaments. Ces microorganismes, comme les précédents, se rencontrent surtout dans les liquides de rétention,

LE LIQUIDE FILTRÉ. — La couleur du liquide filtré importe peu, elle dépend de la nature des aliments et des liquides ingérés.

Il faut tenir compte de la rapidité avec laquelle s'est opérée la filtration Filtrent lentement des liquides riches en mucus. Il en est de même des solutions de peptone, mais celle-ci n'est pas assez abondante dans le suc gastrique pour influencer la filtration.

Le liquide filtré sert avant tout au dosage de l'acidité absolue ou acidité totale. Cette opération est d'une grande simplicité et d'une grande importance. C'est pour cela que nous croyons utile de nous étendre un peu sur ce point.

DOSAGE DE L'ACIDITÉ TOTALE. — L'acidité totale est calculée en HCl, c'est-à-dire qu'elle représente la quantité pour 1000 d'HCl qui se trouverait dans le suc gastrique, si elle était due uniquement à cet acide. En réalité elle comprend, comme nous l'avons déjà dit : 1° les acides libres, acide chlorhydrique, acides lactique, butyrique, acétique, etc.; 2° les acides forts (surtout l'HCl), liés faiblement à des bases organiques faibles, albumine, créatine, etc.; 3° les sels acides (p hosphates acides).

L'acidité totale est dosée à l'aide de la solution décinormale de soude avec la phénolphtaléine comme indicateur.

Une solution normale d'un corps quelconque contient pour un litre d'eau distillée son équivalent de ce corps. Ainsi l'équivalent de la soude NaOH est $23 + 16 + 1 = 40$. La solution normale renferme 40 grammes par litre; la solution normale d'HCl renferme 36, 5 grammes p. 1000. La solution normale au dixième, généralement appelée solution décinormale, sera respectivement de 4 p. 1000 et 3,65 p. 1000. Les solutions normales se neutralisent exactement, c'est-à-dire qu'un centimètre cube de solution normale ou décinormale d'HCl est neutralisé par un centimètre cube de solution normale ou décinormale de NaOH. Si donc une quantité déterminée de suc gastrique, soit 10 centimètres cubes, est neutralisée exactement par une certaine quantité de NaOH décinormale, par exemple 8 centimètres cubes, on peut conclure immédiatement que l'acidité totale calculée en HCl est de 8 centimètres cubes de solution décinormale, d'HCl. Dans 8 centimètres cubes il y a 8 fois 0 gr. 00365 d'HCl, soit 0 gr. 0292. Donc 10 centimètres cubes de suc gastrique renferment 0 gr. 0292 d'HCl 1000 centimètres cubes ou un litre renfermeront 100 fois plus, soit 2 gr. 92. L'acidité totale est 2.92 p. 1000.

Dans ce dosage il faut un indicateur, c'est-à-dire une substance qui par une modification de coloration indique le moment précis où le liquide acide par addition progressive de soude, devient neutre. La phénolphtaléine est généralement préférée parce qu'elle est très sensible et que le changement de coloration est très net et très facile à apprécier. La solution alcoolique est incolore. Quand on l'ajoute à un liquide acide, la couleur de celui-ci n'est pas modifiée, mais dès que la neutralisation est opérée et qu'il y a une trace d'alcali à l'état libre, le mélange prend une coloration rose très manifeste.

A défaut de phénolphtaléine on peut se servir du tournesol, non pas en solution, mais sous forme de papier. Il faut un papier bien rouge sur lequel on dépose de temps en temps une goutte de liquide à examiner jusqu'à ce que cette goutte commence à s'entourer d'une zone bleue.

Voici maintenant le procédé opératoire. On prend avec une pipette graduée cinq centimètres cubes de suc gastrique. On les verse dans un verre à pied ou un petit flacon *ad hoc* et on ajoute deux ou trois gouttes de phénolphtaléine. De la burette de Mohr qui contient la solution décinormale de soude on laisse tomber la soude lentement, goutte à goutte, dans le verre à expérience, en ayant soin d'agiter celui-ci constamment. Dès que le mélange prend une teinte rose qui ne disparaît plus par l'agitation on arrête l'écoulement. On a noté sur la burette le niveau de la soude avant de commencer l'expérience, on le note après neutralisation. La différence entre les deux niveaux indique la quantité de soude qui s'est écoulée. Celle-ci correspond à une quantité équivalente d'HCl décinormal. Reste à faire le petit calcul que nous avons exposé, pour trouver l'acidité totale p. 1000. En pratique cela revient à multiplier le chiffre de la soude employée pour la neutralisation d'abord par 2, puis par 0,365. Ex. : si 5 centimètres cubes de suc gastrique sont neutralisés par 3,5 centimètres cubes de soude décinormale on aura A (acidité totale) $= 3,5 \times 2 \times 0,365 = 2,45$ p. 1000. Si on emploie 10 centimètres cubes du suc gastrique pour le dosage, on multipliera directement le chiffre de la soude par 0,365.

· 1° Il faut nettoyer la pipette chaque fois qu'on s'en est servi, de préférence à l'eau distillée, et la laisser sécher; 2° conserver la solution décinormale de soude dans un flacon bien fermé. Au moment de s'en servir, on verse dans la burette de Morh la quantité nécessaire, pas davantage, et après chaque dosage on verse le reste à moins qu'on ne fasse plusieurs analyses de suite. La soude absorbe le gaz carbonique de l'air et son titre faiblit. Un dispositif très simple évite cet inconvénient. Le flacon qui contient la soude est placé au-dessus de la burette de Mohr et raccordé à celle-ci par un siphon qu'on ouvre et qu'on ferme à volonté à l'aide d'une pince à pression. La burette est fermée en haut par un bouchon qui reçoit la tige d'un tube renflé, rempli de chaux sodé. Celle-ci permet la circulation de l'air, mais absorbe le gaz carbonique.

La moitié gauche de l'appareil n'est pas nécessaire pour le dosage de l'acidité totale. Il est cependant utile d'avoir une solution décinormale d'HCl à sa disposition. Elle permet de décolorer, lorsqu'on a été trop vite en besogne et qu'on a dépassé le moment de la neutralisation.

Acidité moyenne. — Deux heures à deux heures et demie après le repas d'épreuve de G. Sée l'acidité moyenne est de 3,2 à 3,6 p. 1000. Nous disons acidité moyenne et non acidité normale, car chez des sujets absolument bien portants on trouve les valeurs les plus variables pour l'acidité totale. Chez dix-neuf jeunes gens examinés nous avons obtenu des chiffres variant de 3 à 4,8 p. 1000.

Recherche de l'acide chlorydrique. — Recherche qualitative de HCl libre. — On connaît un grand nombre de réactifs de HCl. Les plus connus sont le violet de méthyle, la tropœoline OO, la phloroglucine-vaniline (réactif de Günzburg), le rouge du Congo. Ce dernier est le plus expéditif, mais la phloroglucine est le plus exact. Nous employons l'un et l'autre.

La *phloroglucine-vaniline* fraîche est incolore, mais elle acquiert sous l'action de la lumière une coloration jaune foncé qui n'empêche pas la réaction de se produire. Pour rechercher la présence de HCl on verse trois ou quatre gouttes de liquide dans une petite capsule de porcelaine, et autant de phloroglucine vaniline. On mélange un peu et on chauffe très doucement. Si le liquide contient HCl il se produit sur les bords de la capsule un anneau rouge d'autant plus marqué que HCl est plus abondant. La phloroglucine-vaniline ne révèle que les acides minéraux; avec les acides organiques il ne se produit aucune modification.

Le *rouge du Congo* s'emploie sous forme de papier buvard imprégné de la matière colorante. Le papier trempé dans une solution d'HCl prend instantanément une teinte *bleu d'azur*. Il est sensible aussi aux acides organiques, mais à un degré beaucoup moindre et devient alors *violet foncé*. Le rouge du Congo ne révèle pas seulement HCl libre. Il se colore aussi par le chlore lié aux bases organiques, c'est-à-dire le Cl combiné.

Quand ces matières colorantes donnent toutes deux une réaction positive, on peut conclure avec certitude à la présence de HCl libre, et vice versa.

Recherche qualitative de HCl combiné. — Il n'existe pas de réactif sensible uniquement au Cl combiné.

Dosage de HCl libre et du chlore combiné. — Comme valeur intrinsèque, la méthode de Winter-Hayem l'emporte sur toutes les autres. C'est la plus exacte, la seule à employer dans les recherches du laboratoire. Elle donne la quantité totale du chlore du suc gastrique, HCl libre, chlore combiné et chlore fixe. L'inconvénient c'est que chaque analyse exige au moins dix heures et qu'il faut un certain apprentissage pour s'habituer à la méthode.

Pour les besoins de la clinique, la méthode de Hehner et Seemann suffit. Elle ne donne ni HCl libre seul, ni HCl combiné, mais les deux ensemble; nous désignerons dorénavant cette valeur par la formule H + C. Comme installation, il faut l'appareil qui sert au dosage de l'acidité absolue, un bain-marie, une capsule en argent ou de préférence en platine, de l'eau distillée.

Technique. — On prend 5 centimètres cubes de suc gastrique qu'on neutralise exactement à l'aide de la soude décinormale (le liquide qui a servi au titrage de l'acidité totale peut servir). La soude neutralise tous les radicaux acides, HCl libre, HCl combiné, acides organiques. Il se forme ainsi des lactates, des acétates, etc., et du chlorure de sodium. On évapore au bain-marie et on calcine le résidu. Par l'incinération, les lactates, acétates, se transforment tous en carbonate de sodium; le chlorure est fixe. On reprend à l'eau distillée et on ajoute alors une quantité d'HCl décinormal exactement égale à la quantité de soude employée au début. Une partie de cet HCl transforme le carbonate de sodium en chlorure. La partie d'HCl qui reste libre correspond exactement à la quantité d'HCl qui a été transformée en NaCl par la soude, c'est-à-dire à la quantité d'HCl qui existait dans le suc gastrique. A l'aide de la solution décinormale de soude on dose cet HCl resté libre. Ce procédé est assez rigoureux et ne demande pas plus d'une heure pour s'exécuter.

Le praticien qui n'aime pas les analyses chimiques pourra se faire une idée *approximative* de la sécrétion chlorhydrique en se conformant aux règles suivantes qui nous sont suggérées par nos propres observations.

On commence toujours par titrer l'acidité totale, puis on fait la réaction de l'HCl libre. Deux éventualités peuvent se présenter : il y a de HCl libre ou il n'y en a pas.

Si la réaction est positive, sa rapidité et son intensité permettent jusqu'à un certain point de juger de l'abondance de cet acide; en second lieu, on peut affirmer qu'il y a du Cl combiné. Or il résulte de très nombreuses expériences personnelles, que la valeur H + C est égale à l'acidité totale, diminuée d'une quantité variable qui oscille entre 0,4 et 1,3 mais qui dans la généralité des cas est de 0,7 à 1. En retranchant de l'acidité totale une moyenne de 0,8 on obtient une valeur de H + C qui se rapproche beaucoup de la vérité.

Supposons maintenant que la réaction soit négative. Si l'acidité totale dépasse 2,5 p. 1000 (2 heures et demie après le repas de G. Sée) il y a sûrement du Cl combiné, dont on évalue la quantité comme nous venons de le dire. L'activité totale est-elle inférieure à 2,5 p. 1000, l'existence de HCl combiné devient douteuse. Il faut alors administrer un second repas d'épreuve, plus simple : le déjeuner d'Ewald et Boas, soit 40 grammes de pain blanc, plus une tasse de thé ou d'eau simple. L'estomac est évacué après une heure. Si à ce moment on ne constate pas de réaction de HCl libre on peut conclure que la sécrétion chlorhydrique est nulle ou insignifiante.

RECHERCHE DE L'ACIDE LACTIQUE. — Qualitativement on décèle l'acide lactique par le réactif d'Uffelmann. Ce réactif se prépare de la façon suivante : à 20 centimètres cubes d'acide phénique à 2 p. 1000 on ajoute une goutte de perchlorure de fer. Le mélange prend aussitôt une belle coloration bleu améthyste. L'addition d'un liquide contenant de l'acide lactique change la couleur bleue en jaune serin. Il convient de préparer le réactif au moment de s'en servir parce qu'il s'altère rapidement. Il expose à des erreurs diverses: différentes substances empêchent la réaction de se produire. Pour éviter ces causes d'erreur on peut traiter d'abord le liquide à examiner par l'éther qui dissout l'acide lactique. Par le repos l'éther surnage; on décante et on laisse évaporer l'éther. Le résidu est dissous dans un peu d'eau distillée et sert alors à la réaction d'Uffelmann.

Les autres acides de fermentation, l'acide butyrique, l'acide lactique n'ont pas de réactif propre; ils se révèlent surtout par leur odeur.

RECHERCHE DE LA PEPSINE. — Lorsque le suc gastrique renferme HCl, soit libre, soit combiné, on peut se dispenser de faire cette recherche; mais lorsque cet acide a disparu il est important de savoir si la sécrétion du ferment peptique se fait encore. Le procédé est très simple.

On prend une certaine quantité de suc gastrique filtré. S'il ne renferme pas d'HCl, on en ajoute une quantité convenable. Pour la digestion de la fibrine *in vitro*, il faut une acidité chlorhydrique de 1 p. 1000 environ, pour l'albumine coagulée 1,2 p. 1000 constitue l'optimum. Le liquide est placé dans une étuve à température constante de 40° environ. On y ajoute un petit fragment de fibrine ou de blanc d'œuf coagulé. Le poids de ce fragment doit être en rapport avec la quantité de suc gastrique employée; par exemple pour 15 centimètres cubes de suc un petit disque de 1 centimètre de diamètre et 1 millimètre d'épaisseur. Il doit toujours être le même pour avoir des expériences comparables.

Le blanc d'œuf devient translucide, se désagrège en petites lamelles, finalement il se dissout tout à fait. Normalement cette dissolution est opérée en deux heures à la température de 40°. A défaut d'étuve on peut opérer à la température ordinaire, mais la dissolution exige alors vingt-quatre heures.

Recherche de la motilité. — Le cathétérisme constitue le moyen le plus commode pour l'exploration de la motilité de l'estomac. Le repas de Germain Sée doit être digéré en quatre heures et demie. Cette limite est-elle dépassée, on peut conclure à un affaiblissement de la motilité de l'estomac. Quand cet affaiblissement est porté à un haut degré, les aliments ne quittent plus le ventricule pendant le long intervalle qui sépare le dernier repas du soir du déjeuner suivant; le matin à jeun, la sonde ramène une quantité plus ou moins considérable de résidus alimentaires, il y a rétention gastrique.

On conseille au patient de souper modérément. Le lendemain matin, on explore l'estomac à jeun. Il est vide ou bien la sonde ramène du liquide qu'on examine suivant les règles exposées plus haut. On administre alors le repas d'épreuve, après avoir enlevé au besoin tout le liquide résiduel; on sonde après deux heures et demie. A-t-on des motifs de douter de l'intégrité de la fonction motrice de l'estomac, on fait une dernière exploration quatre heures et demie après le repas d'épreuve. L'analyse des trois échantillons de liquide gastrique permet de se faire une bonne idée du fonctionnement de l'estomac.

Avant d'abandonner ce chapitre il nous reste une question à résoudre. L'introduction de la sonde n'influence-t-elle pas la sécrétion gastrique, ne peut-elle pas produire des troubles par les efforts dont elle est accompagnée? Cette question a été vivement débattue en Allemagne. Actuellement on considère cette influence comme absolument nulle.

Nous devons faire une réserve. Chez trois jeunes gens bien portants et chez un malade [1], nous avons vu cesser brusquement la sécrétion chlorhydrique à la suite du cathétérisme. L'arrêt était complet, il n'y avait plus ni acide chlorhydrique libre, ni chlore combiné à aucun moment de la digestion. Ce qu'il y a surtout de remarquable c'est que cet état s'est maintenu pendant plusieurs semaines, chez l'un d'eux pendant plus de trois mois. Néanmoins la digestion continuait à se faire comme par le passé, sans le moindre trouble; l'estomac se vidait régulièrement; aucun malaise à l'épigastre, aucune altération de l'état général.

Chez deux d'entre eux, l'arrêt de la sécrétion chlorhydrique s'est produit à la suite du premier ou des premiers sondages; les deux autres étaient depuis longtemps habitués à la sonde quand s'est produit le phénomène.

Ce phénomène a de l'importance au point de vue pathologique. Notre malade avait un facies cachectique assez prononcé. L'absence persistante d'acide chlorhydrique nous aurait fait croire à un cancer latent, si le premier cathétérisme ne nous avait révélé une hyperchlorhydrie très marquée.

1. Verhaegen, De la variabilité de la sécrétion chlorhydrique à l'état normal, *loc. cit.*

Coulommiers. — Imp P. BRODARD. — 000-97.

TOME PREMIER

Un volume grand in-8° de 1018 pages avec figures dans le texte. **18** fr.

H. ROGER. — Introduction à l'étude de la pathologie générale.

H. ROGER et P.-J. CADIOT. — Pathologie comparée de l'homme et des animaux.

P. VUILLEMIN, chargé de cours à la Faculté de médecine de Nancy. — Considérations générales sur les maladies des végétaux.

MATHIAS DUVAL, professeur à la Faculté de Paris. — Pathogénie générale de l'embryon. Tératogénie.

LE GENDRE, médecin des hôpitaux. — L'Hérédité et la pathologie générale.

BOURCY, médecin des hôpitaux. — Prédisposition et immunité.

MARFAN, professeur agrégé à la Faculté de Paris, médecin des hôpitaux. — La Fatigue et le surmenage.

LEJARS, professeur agrégé à la Faculté de médecine de Paris, chirurgien des hôpitaux. — Les Agents mécaniques.

LE NOIR. — Les Agents physiques. Chaleur. Froid. Lumière. Pression atmosphérique. Son.

D'ARSONVAL, membre de l'Institut, professeur au Collège de France. — Les Agents physiques. L'Énergie électrique et la matière vivante.

LE NOIR. — Les Agents chimiques : les caustiques.

H. ROGER. — Les Intoxications.

TOME II

Un volume grand in-8° de 940 pages avec figures dans le texte. **18** fr.

CHARRIN, professeur agrégé à la Faculté de médecine de Paris, médecin des hôpitaux. — L'Infection.

GUIGNARD, membre de l'Institut, professeur à l'École de pharmacie. — Notions générales de morphologie bactériologique.

HUGOUNENQ, professeur à la Faculté de médecine de Lyon. — Notions de chimie bactériologique.

ROUX, professeur agrégé à la Faculté de médecine de Lyon. — Les Microbes pathogènes.

CHANTEMESSE, professeur agrégé à la Faculté de médecine de Paris, médecin des hôpitaux. — Le Sol, l'eau et l'air, agents des maladies infectieuses.

LAVERAN, membre de l'Académie de médecine. — Des maladies épidémiques.

RUFFER. — Sur les parasites des tumeurs épithéliales malignes.

R. BLANCHARD, professeur agrégé à la Faculté de médecine de Paris, membre de l'Académie de médecine. — Les Parasites.

TOME IV

Un volume grand in-8° de 720 pages avec figures dans le texte. **16** fr.

DUCAMP, professeur à la Faculté de médecine de Montpellier. — Évolution des maladies.

A. GILBERT, professeur agrégé à la Faculté de médecine de Paris, médecin de l'hôpital Broussais. — Sémiologie du sang.

A. HÉNOCQUE, directeur adjoint du laboratoire de physique biologique au Collège de France. — Spectroscopie du sang. Sémiologie.

R. TRIPIER, professeur à la Faculté de médecine de Lyon, et DEVIC, professeur agrégé à la Faculté de médecine de Lyon, médecin des hôpitaux. — Sémiologie du cœur et des vaisseaux.

M. LERMOYEZ, médecin de l'hôpital Saint-Antoine, et M. BOULAY, ancien interne des hôpitaux. — Sémiologie du nez et du pharynx nasal.

M. LERMOYEZ et M. BOULAY. — Sémiologie du larynx.

M. LEBRETON, médecin des hôpitaux de Paris. — Sémiologie des voies respiratoires.

P. LE GENDRE, médecin de l'hôpital Tenon. — Sémiologie générale du tube digestif.

AVIS. — *La rédaction du tome III de la Pathologie générale ayant dû subir un retard, les éditeurs, pour répondre au désir exprimé par les souscripteurs, ont mis en vente le tome IV aujourd'hui complet. Le tome III sera publié dans un délai prochain. Les tomes V et VI qui compléteront l'ouvrage sont tous deux en cours d'exécution. Ils contiendront la fin de la Sémiologie et la Thérapeutique générale.*

Traité
des Maladies de l'Enfance

PUBLIÉ SOUS LA DIRECTION DE MM.

J. GRANCHER
PROFESSEUR A LA FACULTÉ DE MÉDECINE DE PARIS
MEMBRE DE L'ACADÉMIE DE MÉDECINE, MÉDECIN DE L'HOPITAL DES ENFANTS-MALADES

J. COMBY
MÉDECIN DE L'HOPITAL DES ENFANTS-MALADES

A.-B. MARFAN
AGRÉGÉ, MÉDECIN DES HOPITAUX

5 volumes grand in-8° avec figures. — *En souscription*. . **90** francs.

TOME I (EN VENTE)
1 volume in-8° de XVI-816 pages avec figures dans le texte . . . . **18** *fr.*

Préface (GRANCHER). — *Physiologie et hygiène de l'enfance* (COMBY). — *Considérations thérapeutiques sur les maladies de l'enfance. Table de posologie infantile* (MARFAN). — *Scarlatine* (MOIZARD). — *Rougeole* (COMBY). — *Rubéole* (BOULLOCHE). — *Variole* (COMBY). — *Vaccine et vaccination* (DAUCHEZ). — *Varicelle* (COMBY). — *Oreillons* (COMBY). — *Coqueluche* (COMBY). — *Fièvre typhoïde* (MARFAN). — *Fièvre éphémère, Fièvre ganglionnaire* (COMBY). — *Grippe* (GILLET). — *Suette miliaire* (HONTANG). — *Choléra asiatique* (DUFLOCQ). — *Malaria* (CONCETTI). — *Fièvre jaune* (COMBY). — *Tétanos* (RENAULT). — *Rage* (GILLET). — *Erysipèle* (RENON). — *Infections septiques du fœtus, du nouveau-né et du nourrisson* (FISCHL). — *Rhumatisme articulaire et polyarthrites* (MARFAN). — *Diphtérie* (SEVESTRE et Louis MARTIN). — *Syphilis* (GASTOU). — *Tuberculose, Scrofule* (AVIRAGNET).

TOME II (EN VENTE)
1 volume in-8° de 848 pages avec figures dans le texte. . . . . **18** francs.

Maladies générales de la nutrition. — *Arthritisme, obésité, maigreur, migraine, asthme* (COMBY). — *Diabète sucré* (H. LEROUX). — *Maladies du sang* (AUDEOUD). — *Hémophilie* COMBY). — *Hémorragies des nouveau-nés* (DEMELIN). — *Purpura et syndromes hémorragiques* (MARFAN). — *Scorbut infantile* (BARLOW). — *Rachitisme* (COMBY et BROCA). — *Croissance* (COMBY). — *Athrepsie* (THIERCELIN). — **Maladies du tube digestif.** — *Développement du tube digestif* (VARIOT). — *Dentition* (MILLON). — *Bec-de-lièvre, Macroglossie, Tumeurs du plancher de la bouche* (BROCA). — *Stomatites* (COMBY). — *Angines aiguës* (DUPRÉ). — *Abcès rétro-pharyngiens* (BOKAY). — *Hypertrophie des amygdales, pharyngite chronique, végétations adénoïdes* (CUVILLIER). — *Polypes naso-pharyngiens* (BROCA). — *Maladies de l'œsophage, de l'estomac et de l'intestin* (COMBY). — *Infections et intoxications digestives* (LESAGE). — *Dysenterie* (SANNÉ). — *Tuberculose de l'estomac, de l'intestin et des ganglions mésentériques* (MARFAN). — *Constipation* (MARFAN). — *Vers intestinaux* (FILATOFF). — *Invagination intestinale* (JALAGUIER). — *Prolapsus du rectum* (BROCA). — *Polypes du rectum, corps étrangers des voies digestives, fissures à l'anus* FELIZET et BRANCA). — *Malformations, abcès de la région ano-rectale* (FORGUE).

TOME III (EN VENTE)
1 volume in-8° de 950 pages avec figures dans le texte. . . **20** francs.

Abdomen et annexes. — *Hernies inguinale et ombilicale* (BROCA). — *Maladies de l'ombilic* (PAGNY). — *Péritonites aiguës* (COMBY). — *Péritonite tuberculeuse* (MARFAN). — *Appendicite* (BRUN). — *Ictères* (RÉNON). — *Congestion du foie. Stéatose hépatique. Dégénérescence amyloïde. Abcès du foie* (ODDO). — *Kystes hydatiques du foie* (FORGUE). — *Cirrhose du foie* (HUTINEL ET AUSCHER). — *Rate et ses maladies* (GASTOU). — *Albuminurie et néphrites* (RENAULT). — *Périnéphrite, phlegmon périnéphrétique. Pyélite et pyélonéphrite* (COMBY). — *Lithiase urinaire* (DE BOKAY). — *Tuberculose du rein* (HALLÉ). — *Maladie d'Addison* (COMBY). — *Néoplasmes du rein* (ALBARRAN). — *Tumeurs liquides du rein, rein mobile, hématurie, hémoglobinurie* (COMBY). — *Névroses urinaires* (GUINON). — *Maladies des organes génito-urinaires dans le sexe masculin* (POUSSON). — *Vulvite, vulvo-vaginite* (EPSTEIN). — *Cystite, anomalies génitales chez les filles. Onanisme* (COMBY). — **Appareil circulatoire.** *Maladies congénitales du cœur* (MOUSSOUS). — *Maladies acquises* (WEILL). — **Nez, Larynx et annexes.** *Malformations des fosses nasales. Epistaxis* (BOULAY). — *Rhinites aiguës* (LERMOYEZ). — *Rhinite chronique, rhinite atrophique fétide, syphilis des fosses nasales* (BOULAY). — *Laryngites aiguës* (VARIOT ET GLOVER). — *Laryngites chroniques. Papillomes du larynx. Corps étrangers des voies aériennes* (BOULAY). — *Spasme de la glotte* (MARFAN). — *Pathologie du thymus* (SANNÉ). — *Myxœdème* (COMBE).

TOME IV (SOUS PRESSE)
MALADIES DES BRONCHES, DU POUMON, DES PLÈVRES, DU MÉDIASTIN. — MALADIES DU SYSTÈME NERVEUX : méninges, cerveau, moelle, amyotrophies, névroses, paralysies, etc.

TOME V
APPAREIL LOCOMOTEUR : os, articulations, etc. — ORGANES DES SENS : yeux, oreilles. — MALADIES DE LA PEAU. — MALADIES DU FŒTUS. — Table des matières.

TRAITÉ

DE

CHIRURGIE

Publié sous la direction

DE MM.

Simon DUPLAY

Professeur de clinique chirurgicale à la Faculté
de médecine de Paris
Chirurgien de l'Hôtel-Dieu
Membre de l'Académie de médecine

Paul RECLUS

Professeur agrégé à la Faculté de médecine de Paris
Secrétaire général de la Société de chirurgie
Chirurgien des hôpitaux
Membre de l'Académie de médecine

PAR MM.

BERGER. — BROCA. — DELBET. — DELENS. — DEMOULIN. — FORGUE
GÉRARD-MARCHANT. — HARTMANN. — HEYDENREICH. — JALAGUIER
KIRMISSON. — LAGRANGE. — LEJARS. — MICHAUX. — NÉLATON. — PEYROT
PONCET. — QUÉNU. — RICARD. — SEGOND. — TUFFIER. — WALTHER

DEUXIÈME ÉDITION

ENTIÈREMENT REFONDUE

8 forts volumes grand in-8° avec nombreuses figures dans le texte.
Prix pour les Souscripteurs. . **150** fr.

VOLUMES PARUS :

TOME PREMIER. 1 fort vol. grand in-8° avec 218 figures. **18** fr.

Reclus. Inflammations. — Traumatismes. — Maladies virulentes. **Quénu**. Des tumeurs.	**Broca**. Peau et tissu cellulaire sous-cutané. **Lejars**. Lymphatiques, muscles, synoviales tendineuses et bourses séreuses.

TOME II. 1 fort vol. grand in-8° avec 361 figures. . . . . **18** fr.

Lejars. Nerfs. **Michaux**. Artères. **Quénu**. Maladies des veines.	**Ricard et Demoulin**. Lésions traumatiques des os. **Poncet**. Affections non traumatiques des os.

TOME III. 1 fort vol. grand in-8° avec 285 figures. . . . . **18** fr.

Nélaton. Traumatismes, entorses, luxations, plaies articulaires. **Lagrange**. Arthrites infectieuses et inflammatoires.	**Quénu**. Arthropathies. Arthrites sèches. Corps étrangers articulaires. **Gérard-Marchant**. Maladies du crâne. **Kirmisson**. Maladies du Rachis.

TOME IV. 1 fort vol. grand in-8° avec nombreuses figures (*Sous Presse*)

Delens. Œil et annexes. **Gérard-Marchant**. Nez, fosses nasales,	pharynx nasal et sinus. **Heydenreich**. Mâchoires.

Les volumes suivants paraîtront à des intervalles rapprochés, de façon que l'ouvrage soit complet au commencement de l'année 1898.

Traité de Gynécologie
Clinique et Opératoire

Par le Dr Samuel POZZI

Professeur agrégé à la Faculté de Médecine, Chirurgien de l'hôpital Broca,
Membre de l'Académie de Médecine

TROISIÈME ÉDITION, REVUE ET AUGMENTÉE

1 vol. in-8° de XXII-1270 pages, avec 628 fig. dans le texte. Relié toile. . **30 fr.**

Cette édition a été l'objet d'une revision attentive et d'additions notables. Un certain nombre de chapitres ont été complètement transformés, tels sont ceux relatifs à l'asepsie, au traitement des corps fibreux par les nouveaux procédés d'hystérectomie abdominale et vaginale, aux indications de cette dernière opération dans les suppurations pelviennes, aux interventions récentes contre les rétro-déviations utérines, etc. Dans les questions encore controversées, en voie d'évolution pour ainsi dire, l'auteur a tâché de donner une idée exacte des diverses opinions, sans pour cela omettre de formuler nettement la sienne.

Précis d'Obstétrique

PAR MM.

A. RIBEMONT-DESSAIGNES   **G. LEPAGE**

Agrégé de la Faculté de médecine,   Ancien Chef de clinique obstétricale à la
Accoucheur de l'hôpital Beaujon   Faculté de Médecine, Accoucheur des hôpitaux

Troisième édition

AVEC FIGURES DANS LE TEXTE DESSINÉES PAR M. RIBEMONT-DESSAIGNES

1 vol. grand in-8° de plus de 1300 pages, relié toile. . . . . **30 fr.**

Ce livre est un véritable traité d'accouchements tout à fait au courant des derniers progrès de l'art obstétrical. Il est appelé à rendre les plus grands services, non seulement à l'étudiant qui prépare ses examens, mais aussi au praticien, abandonné qu'il est, la plupart du temps, au milieu des multiples difficultés de la clinique, et avec une instruction pratique souvent insuffisante. Ce précis reproduit dans ses grands traits l'enseignement des deux professeurs de clinique obstétricale de la Faculté de Paris, ce qui n'empêche pas que, sur diverses questions, les auteurs formulent d'une manière précise leur opinion personnelle.

Traité des Maladies des Yeux

Par **Ph. PANAS**

Professeur de clinique ophtalmologique à la Faculté de Médecine, Chirurgien de l'Hôtel-Dieu

2 vol. gr. in-8° avec 453 fig. dans le texte et 7 pl. en couleurs. Rel. toile. **40 fr.**

Dans cet ouvrage, le savant professeur de la Faculté de Paris s'est attaché à donner d'une façon concise l'état actuel de la science ophtalmologique, en prenant pour base la clinique, sans négliger l'enseignement et les recherches de laboratoire. Ce livre, essentiellement pratique, s'adresse autant aux étudiants qu'aux ophtalmologistes de profession.

Technique Chirurgicale

Par E. DOYEN

Avec la collaboration du Dr G. ROUSSEL et de A. MILLOT

TECHNIQUE CHIRURGICALE GÉNÉRALE — OPÉRATIONS GYNÉCOLOGIQUES

1 vol. grand in-8° de 600 pages avec 36 planches hors texte et 422 figures
dans le texte, 25 francs.

Le nombre croissant des traités de pathologie externe contrastant singulièrement avec la pénurie des livres destinés à la description des opérations proprement dites, le Dr DOYEN, de Reims, a voulu combler cette lacune. Sa Technique Chirurgicale comprend l'ensemble des connaissances indispensables pour l'exercice de la chirurgie : c'est le complément du Précis de Manuel Opératoire de Farabeuf. Ce livre est donc destiné non plus à l'élève, mais aux praticiens qui y trouveront une technique bien déterminée, et assez parfaite pour ne comporter, dans les cas particuliers, que des modifications de détail.

Manuel de Pathologie interne

par **G. DIEULAFOY**, professeur de clinique médicale de la
Faculté de médecine de Paris, médecin de l'Hôtel-Dieu, membre
de l'Académie de médecine. *Dixième édition, revue et augmentée.* 4 volumes in-16 diamant, avec figures en noir et en
couleurs, cartonnés à l'anglaise, tranches rouges.. **28** fr. »

Manuel de Pathologie externe

par MM. **RECLUS, KIRMISSON, PEYROT, BOUILLY**,
professeurs agrégés à la Faculté de médecine de Paris, chirurgiens des hôpitaux, 4 volumes petit in-8°. . . . . **40** fr.

I. — Maladies des tissus. 5ᵉ édition,
avec figures, par le Dʳ P. RECLUS.

II. — Maladies des régions : *Tête
et Rachis.* 4ᵉ édition, par le Dʳ KIRMISSON.

III. — Maladies des régions : *Cou, Poitrine, Abdomen.* 4ᵉ éd., par le Dʳ PEYROT.

IV. — Maladies des régions : *Organes
génito-urinaires et Membres,* 5ᵉ édition, avec figures, par le Dʳ BOUILLY.

Chaque volume est vendu séparément. **10** fr.

Précis d'Histologie

par **Mathias DUVAL**, professeur d'histologie à la Faculté de
médecine de Paris, membre de l'Académie de médecine, 1 volume
grand in-8° de xxxii-956 pages avec 408 fig. dans le texte. **18** fr.

Précis de Manuel opératoire

par **L.-H. FARABEUF**, professeur à la Faculté de médecine
de Paris, membre de l'Académie de médecine. *Quatrième
édition.* 1 volume petit in-8° avec 799 figures dans le
texte. . . . . **16** fr.

Leçons de Thérapeutique

par le Dʳ **Georges HAYEM**, membre de l'Académie de médecine, professeur à la Faculté de médecine de Paris. 5 volumes
ainsi divisés :

Les Médications, 4 volumes grand in-8°, les 3 premiers. . . . . **8** fr.

Le tome IV. . . . . **12** fr.

Les Agents physiques et naturels, 1 vol. grand in-8°, avec
nombreuses figures et 1 carte. . . . . **12** fr.

Traité élémentaire
de Clinique thérapeutique

par le Dʳ **G. LYON**, ancien interne des hôpitaux de Paris, ancien
chef de clinique à la Faculté de médecine. *Deuxième édition
revue et augmentée.* 1 vol. in-8° de 1154 pages.. . . . . **15** fr.

D' THOINOT (L.-H.), professeur agrégé à la Faculté de médecine de Paris, médecin des Hôpitaux, et **MASSELIN** (E.-J.), médecin-vétérinaire.

Précis de Microbie. — *Technique et microbes pathogènes.* Ouvrage couronné par la Faculté de médecine (Prix Jeunesse). *Troisième édition* revue et augmentée. 1 vol. in-16 avec 93 figures, cart. **7** fr.

SPILLMANN, professeur de clinique médicale à la Faculté de Nancy, et **P. Haushalter**, professeur agrégé.

Manuel de Diagnostic médical et d'exploration clinique. *Troisième édition*, 1 vol. in-16 avec 89 figures, cartonné. . . **6** fr.

LAUNOIS et **MORAU**, préparateurs adjoints d'histologie à la Faculté de médecine de Paris.

Manuel d'anatomie microscopique et histologique, avec une préface de M. MATHIAS DUVAL. 1 vol. in-16 diamant, cart. **6** fr.

WURTZ (R.), professeur agrégé à la Faculté de Paris, médecin des hôpitaux.

Précis de Bactériologie clinique. Ouvrage couronné par la Faculté de médecine. *Deuxième édition* avec tableaux synoptiques et figures dans le texte. 1 vol. in-16 diamant, cartonné. . . . . **6** fr.

SOLLIER (Paul), chef de clinique adjoint des maladies mentales à la Faculté.

Guide pratique des maladies mentales. Séméiologie. Diagnostic Indications. 1 volume in-16 cartonné.. . . . . . . **5** fr.

BRISSAUD (E.), professeur agrégé, médecin des hôpitaux de Paris.

Leçons sur les maladies nerveuses (Salpêtrière, 1893-1894) recueillies et publiées par le D' HENRY MEIGE. 1 vol. grand in-8° avec 240 figures (schémas et photographies). . . . . **18** fr.

CHARRIN (A.), professeur agrégé, médecin des hôpitaux, directeur adjoint au laboratoire de Pathologie générale, assistant au Collège de France.

Leçons de Pathogénie appliquée. Clinique médicale. Hôtel-Dieu (1895-1896). 1 vol. in-8° . . . . **6** fr.

DUFLOCQ, médecin des hôpitaux.

Leçons sur les Bactéries pathogènes, faites à l'Hôtel-Dieu (annexe), 1 vol. in-8° de 686 pages . . . . **10** fr.

DUPLAY (Simon), professeur de clinique chirurgicale à la Faculté de Médecine de Paris, membre de l'Académie de Médecine, chirurgien de l'Hôtel-Dieu.

Cliniques chirurgicales de l'Hôtel-Dieu recueillies et publiées par les D'' M. CAZIN, chef de clinique chirurgicale, et S. CLADO, chef des travaux gynécologiques à l'Hôtel-Dieu. 1 vol. in-8° avec fig. **7** fr.

LEJARS (F.), professeur agrégé à la Faculté de Médecine, chirurgien des hôpitaux.

Leçons de Chirurgie (La Pitié, 1893-1894). 1 volume grand in-8° avec 128 figures. . . . . **16** fr.

RECLUS (Paul), professeur agrégé à la Faculté de Médecine, chirurgien des hôpitaux, membre de l'Académie de Médecine.

Clinique et critique chirurgicales. 1 vol. in-8°. . . **10** fr.

Cliniques chirurgicales de l'Hôtel-Dieu. 1 vol. in-8°. **10** fr.

Cliniques chirurgicales de la Pitié. 1 vol. in-8° avec figures dans le texte. **10** fr.

BIBLIOTHÈQUE
d'Hygiène thérapeutique

DIRIGÉE PAR

Le Professeur PROUST

Membre de l'Académie de médecine, Médecin de l'Hôtel-Dieu,
Inspecteur général des Services sanitaires.

Chaque ouvrage forme un volume in-16, cartonné toile, tranches rouges
et est vendu séparément : **4 fr.**

L'Hygiène du Goutteux, par A. PROUST et A. MATHIEU, médecins
des hôpitaux de Paris.

L'Hygiène de l'Obèse, par A. PROUST et A. MATHIEU, médecins des
hôpitaux de Paris.

L'Hygiène des Asthmatiques, par E. BRISSAUD, professeur agrégé,
médecin de l'hôpital Saint-Antoine.

L'Hygiène du Syphilitique, par H. BOURGES, préparateur au laboratoire d'hygiène de la Faculté de médecine.

Hygiène et thérapeutique thermales, par G. DELFAU, ancien
interne des hôpitaux de Paris.

L'Hygiène du Neurasthénique, par A. PROUST et G. BALLET,
médecins des hôpitaux de Paris.

Les Cures thermales, par G. DELFAU, ancien interne des hôpitaux
de Paris.

Traité d'Anatomie Humaine

PUBLIÉ SOUS LA DIRECTION DE

PAUL POIRIER

Professeur agrégé à la Faculté de médecine de Paris,
Chef des travaux anatomiques, Chirurgien des hôpitaux.

PAR MM.

A. CHARPY	A. NICOLAS	A. PRENANT	P. JACQUES.
Professeur d'Anatomie à la Faculté de Toulouse.	Professeur d'Anatomie à la Faculté de Nancy.	Professeur d'Histologie à la Faculté de Nancy.	Professeur agrégé à la Faculté de Nancy, Chef des Travaux anatomiques

ÉTAT DE LA PUBLICATION :

TOME I: *Embryologie; Ostéologie : Arthrologie.* 621 figures. . . . . **20 fr.**
TOME II: Fasc. I. *Myologie.* 312 fig. **12 fr.**
Fascicule II. *Angéiologie.* (cœur et artères), 145 figures. . . . . . **8 fr.**
Fascicule III. *Angéiologie* (capillaires, veine), 75 figures . . . . **6 fr.**

TOME III : Fascicules I et II. *Système nerveux.* 2 volumes avec 407 figures. . . . . **22 fr.**
TOME IV : Fascicule I. *Tube digestif*, 158 figures. . . . . **12 fr.**
Fascicule II. *Appareil respiratoire*, 194 figures. . . . . **6 fr.**

Il reste à publier :

Un fascicule du tome II (**Lymphatiques**).
Un fascicule du tome III (**Nerfs périphériques. Organes des sens**).
Un fascicule du tome IV (**Organes génito-urinaires**).

35095. — Imprimerie LAHURE, rue de Fleurus, 9, à Paris.